愛される人は なぜ神社に 行くのか？

社会心理学者
八木龍平

KODANSHA

「神よ、
変えられないものを
穏やかに受けいれる寛大さを
私たちに与えてください。
変えるべきものを変える勇気と、
そして変えられないものと
変えるべきものを区別する賢さを、
与えてください。」

（神学者ラインホールド・ニーバーの祈り）

檜峰神社	山梨県北杜市大泉町谷戸 権現岳山頂直下
大室山浅間神社	静岡県伊東市池 大室山山頂すり鉢内
雲見浅間神社	静岡県賀茂郡松崎町雲見386-2
貴船神社結社	京都府京都市左京区鞍馬貴船町180
細石神社	福岡県糸島市三雲432

御穂神社	静岡県静岡市清水区三保1073
出雲大神宮	京都府亀岡市千歳町出雲無番地
村屋坐彌冨都比賣神社	奈良県磯城郡田原本町蔵堂 426
美保神社	島根県松江市美保関町美保関608
三穂津姫社	香川県仲多度郡琴平町892-1 金刀比羅宮御本宮隣

深大寺	東京都調布市深大寺元町5丁目15-1
高徳院	神奈川県鎌倉市長谷4丁目2-28
善光寺	長野県長野市長野元善町491-イ
清凉寺	京都府京都市右京区嵯峨釈迦堂藤ノ木町46
平等院	京都府宇治市宇治蓮華116

放光寺	山梨県甲州市塩山藤木2438
愛染堂勝鬘院	大阪府大阪市天王寺区夕陽丘町5-36
金峯山寺 愛染堂	奈良県吉野郡吉野町吉野山2498
金剛三昧院	和歌山県伊都郡高野町高野山425
東林院	徳島県鳴門市大麻町大谷山田59

歓喜院 (妻沼聖天)	埼玉県熊谷市妻沼1511
本龍院 (待乳山聖天)	東京都台東区浅草7丁目4-1
最乗院	滋賀県大津市坂本4丁目1-7
寶山寺 (生駒聖天)	奈良県生駒市門前町1-1
聖天宮西江寺	大阪府箕面市箕面2丁目5-27

最高の神仏はここにいる！
ご利益別おすすめの神社・寺院

詳細は第３章で紹介しています。

新たな出会い → 造化三神を全てお祀りする神社 ……………… P132

人見神社	千葉県君津市人見892
東京大神宮	東京都千代田区富士見2丁目4-1
四柱神社	長野県松本市大手3丁目3-20
サムハラ神社	大阪府大阪市西区立売堀2丁目5-26
サムハラ神社奥の宮	岡山県津山市加茂町中原900-3

運命の人と出会い① → イザナミをお祀りする神社 ……………… P134

十二社熊野神社	東京都新宿区西新宿2丁目11-2
花窟神社	三重県熊野市有馬町上地130
神魂神社	島根県松江市大庭町563
伊射奈美神社	徳島県美馬市美馬町字中鳥589
波上宮	沖縄県那覇市若狭1丁目25-11

運命の人と出会い② → 大国主・大黒天をお祀りする神社 …… P139

神田神社（神田明神）	東京都千代田区外神田2丁目16-2
出雲大社相模分祠	神奈川県秦野市平沢1221
野宮神社	京都府京都市右京区嵯峨野々宮町1
地主神社	京都府京都市東山区清水1丁目317
出雲大社	島根県出雲市大社町杵築東195

悪縁を断つ → 崇徳天皇をお祀りする神社 ……………………… P143

虎ノ門 金刀比羅宮	東京都港区虎ノ門1丁目2-7
安井金比羅宮	京都府京都市東山区下弁天町70
白峯神宮	京都府京都市上京区飛鳥井町261
金刀比羅宮	香川県仲多度郡琴平町892-1
崇徳天皇宮	香川県香川郡直島町618

プロローグ

縁結びの神様は、なぜブサイクなのか？

本書を手にとってくださり、ありがとうございます。
あなたはどんな思いで、この本を開いたのでしょうか。良い出会いがほしいとか、愛情に関するお悩みがあるのではと想像します。

そんな思いではないかもしれませんが、この本にはひとつ設定があります。**神仏から「愛する才能」をさずかるプレゼント**があるのです。プレゼントのお渡し方法は、この本を両手に持って適当なページを開き、ページ全体をぼんやり見る、です。電子書籍だとやりにくいので、電子書籍派の方はどこかで立ち読みでもしてください。すると、本のエネルギーが両手を通して、あなたの心身にダウンロードされます。そのエネルギーがプレゼントです。

恋愛のノウハウはいくらでも手に入る現代ですが、神仏たちは、「愛されたい人」ばかりが増えて、「愛する人」が少ないことが残念なようです。愛されたい人ばかりで、愛する人がいないとどうなるのか？愛し合う縁結びができないですよね。

ということで、あなたに「愛する人になってもらいたい！」と、神仏からスカウトがきました。レッスン料は本書の代金だけ。「さらにもっと知りたい方は、こちらに」などないのでご安心ください。

「神仏に頼って縁結びをしようってお誘い？自分じゃ相手がつくれないみたいで

あなたは愛する人になってもらいたい！と神仏からスカウトされました
これで本当に幸せになれるの？
リュウ博士

イヤ（少し気にはなるけど……）」

「縁結びの神社やお寺に行ったけど、ぜんぜん何も起こらないですが？」

縁結びの社寺に参拝する女性、たくさんいらっしゃる印象がありますよね。一方、男性で縁結びの神仏にお願いする人は、ほとんどお見かけしません。未婚男性は未婚女性より４００万人以上多く、これほど男性が余っているのに不思議ですね。

もっとも、縁結びを願う人は、初詣者の4.7％（京都中央信用金庫の調査。２０１７年１月）。初詣をする人は日本人の７割強で正月三が日で９０００万人以上。縁結び参拝する人は、年に５００万人もいない計算になります。交通安全を願う人と同じ程度です。

某・開運系雑誌でも、縁結び特集だけは人気がないからやらないほどで、実は意外にニーズの少ないテーマ。しかも20年前（２０００年代前半）と異なり、今は結婚をテーマにしたら、雑誌も記事も本当に読まれない時代です。

それでも本書を書くのは「恋愛はおもしろい！」からです。私は文系の科学者なのですが、科学者は発見したことを書かずにはいられない生き物。おもしろいことが分かったら言いたくて仕方ないし、恋愛はおもしろい話の宝庫です。先ほど縁結びや結婚物は不人気と書きましたが、小説やドラマは恋愛が大人気。恋愛のノウハウや解決策は教えられたくないけど、恋愛の物語はすごく聞きたいし話したいのです。

だから、本書は「この話、聞いたことある？」と隣にいる人との雑談だと思ってお読みください。**私が先生になって愛のノウハウや解決策をお伝えするつもりは全くありません。人によって遺伝も環境も状況も異なるので教えようもありません。**ただ、とっておきのおもしろい話を共有したいだけです。

そのおもしろい話の最初が、縁結びで有名な神様は容姿がブサイクなことです。

私がそんなことを言っているんじゃないですよ！　神話にこう書いてあるのです。

縁結びの女神イワナガヒメさまは

甚凶醜《いとみにくき》

「不吉なほどおそろしく醜い」

縁結びの男神オオクニヌシさまは

葦原醜男《あしはらのしこお》
「地上世界のブサイクな男」

なんとひどい書き方でしょう！　これでも国家が編纂（編集）した『日本書紀』など歴史書の記述ですが、現代なら確実に炎上しますね。

そんな容姿がよくないとされた神様は、どんな恋愛をしたのでしょうか？

恋愛で悲しい思いをした神様こそ、人々の縁結びを応援する

女神イワナガヒメさまは、天皇家の祖先となる男神ニニギさまと結婚しようとしますが、容姿が醜いため、なんと送り返されます。物事が永遠に続く力をお持ちのイワナガヒメさまと結婚しなかったニニギさまは、子孫に寿命ができたとされます。

一方、**結婚を断られたイワナガヒメさまはそのことを恥じて、「我長くここにありて縁結びの神として世のため人のために良縁を得させん」と京都の貴船神社に鎮《しず》まりました。**平安時代から有名な縁結びの聖地「結社《ゆいのやしろ》」です。

イワナガヒメさまが縁結びの神様になったのは、縁結びに失敗したからなのです。

日本の神様は、ご自身が挫折したことを、ご利益とする特徴があります。挫折して悲しい気持ちや悔しい思いをし、後世の人が自分と同じことで苦しまないようにと神様になります。人間にたとえると、子供時代に病に苦しんだ人が、大人になって同じ病に苦しむ人たちを救いたいと医者になるようなもの。

このように**自身が経験した苦しみを、他の人に味わわせないぞと決意した気持ちや志が、日本的な神様の本質です。**

一方、葦原醜男と呼ばれた男神オオクニヌシさまは、縁結びの神社として最も有名な出雲大社の神様です。多くの女神と愛を交わし、妻は6柱（人間なら単位は人ですが、神様を数えるときは柱）、子は180柱か181柱とされます。国づくりに成功して国王となった神様らしく、プレイボーイですね。

神様の世界も、男は顔より、金や権力なのでしょう……。

ただオオクニヌシさまは、自身の国を他の神にゆずられて、あの世にお隠れになった後（出雲大社のご祭神になった後）、もっと力のある神様からこう言われます。
「もしお前が地元の女神を妻としているなら、まだお前は心を許していないだろう。私の娘のミホツヒメを妻とし、神々を率いて永遠に天照大神の孫神を護られよ」

オオクニヌシさまの恋愛は最後、妻と離婚させられ、別の女神さまと政略結婚させられて終了です。いくらモテても、結末はかなり残念でしたね……。

出雲大社の中の配置は、元々の正妻とされた女神スセリヒメさまに、オオクニヌシさまはお尻を向けて、そのお顔は、別の妻でいくつもの有名神社に祀られる超大物の女神、タギリヒメさまを向いています。オオクニヌシさまがお顔を向ける妻で超大物の女神さまは、そっぽを向き（横顔だけ見せているとも言える）、また最後に政略結婚した女神さまは出雲大社におらず、他の神社にいます。複雑怪奇な男女関係です。

そんな複雑怪奇な婚姻関係の中で、きっと苦しい悲しい思いをしたからこそ、ご利益は、幸せなご縁結びなのです。

ただ単にご縁が結ばれ結婚しても幸せじゃないことを、オオクニヌシさまもその妻の女神さまたちも、ご自身が経験されてよくご存知です。私が見聞きした限りでいうと、出雲大社は単に縁を結ぶ場所ではなさそうで、ややこしい人間関係をほどいていくことも多いです。

昔から日本の多くの女性は、神社で良縁を願ってきました。

私がこれまで千人以上に調査をし、また大学の研究チームが多数に調査をした論文を読むと、**人間関係に神社仏閣がいい影響を及ぼすことは間違いありません。**

そうそう、**神社だけでなく、お寺やお地蔵さんも良縁にいい影響があります。**

お金や成功がテーマなら私は神社の話だけで十分と思っていましたが、縁結びのような**愛の話をするなら、お寺はすごく大事です。**

神社だけでなく
お寺やお地蔵さんも
良縁にいい影響がありますす
縁結びにはお寺は
すごく重要なんです

神社とお寺は別の宗教ですが、頭を下げ、合掌して祈るのは共通です。**手を合わせ頭を下げて祈ることは愛。神仏による愛の修行は、この動作が基本で、これだけで十分です。**

かんたんですよね？　立ち読みの人はこの動作だけ覚えて実践してください。

愛の戦国武将が信仰した縁結びの仏様

先に申し上げましたが、愛の話をするなら、仏教は避けて通れません。

仏教を少しかじったことがあれば、仏教の目指す「悟り」は、様々な欲から離れることだとご存じでしょう。お釈迦さまの教えを探究する魚川祐司さんによると、仏教開祖である**お釈迦さまの教えは「異性とは目も合わせないニートになれ」**。

たしかに仏教はそうで、「究極のおひとりさま」を目指す宗教です。ただ、そう主張すると、ほとんどの人が僧侶でも仏教徒でもいられなくなるので、あまり触れられません。お釈迦さまの得た「悟り」とは、それくらいエキセントリックで、とんがった教えだったわけです。

日本神道だと神話の最初が、女神と男神のセックスと子づくりですし、子孫繁栄の物語ですから、縁結びがご利益になるのは分かりやすいですね。

仏教はぜったい縁結びなど関係なさそうです。

ただ、お寺・お地蔵さんが近くにある場所で育った人は、人間への「一般的信頼が増す」というデータが、大阪大学の調査で報告されています。

別の言い方をすると、仏教の存在は、「この社会っていい人が多いよね」「あなたもあの人も信用できるよね」と思う人を増やす効果があるのです。

人を信頼する人たちほど、愛する才能も大きいです。

私の過去の本の読者さんにはきっと耳にタコの法則ですが

「知る → 愛する → 貢献する → パフォーマンスが向上する」

この「知る」は、「周りの人や誰かが〝良い人〟だと知る」です。そうすると、その人たちを愛するようになり、人を愛すると、その人たちのために貢献したい意欲が高まり、貢献意欲が高まると、全力を発揮して、以前より優れた結果が出るわけです。

誰かを愛する才能は、その誰かが良い人だと知ること。ただお寺・お地蔵さんが近くにあるだけで、人々の愛の才能が増すのです。

そんな仏教の中で、**縁結びの仏様といえば愛染明王《あいぜんみょうおう》。**

愛欲を仏の悟りに変える力を持つとされ、そのご利益は良縁祈願や夫婦円満など。愛欲とは、性欲や性愛の相手への執着を指します。

愛染明王を信仰した有名人といえば、戦国武将の直江兼続《なおえかねつぐ》さん。兜《かぶと》の前面にある大きな「愛」の文字がトレードマークでした。大河ドラマ「天地人」の主人公で、その有能さだけでなく、イケメンの愛妻家としても知られます。誠実なお人柄で、トレードマーク「愛」の通り、よく愛し、よく愛された人でした。

仏教のシステムは、苦しみから離れることを目的とします。苦悩の原因は、欲望の追求で、愛の欲望とは「渇愛」。愛を渇望する、すなわち愛が欲しい、愛されたいと愛に飢えている状態です。この「愛への渇望」がなくなれば、苦しみもなくなるはずだと考えるわけです。

実は元々、本書の出版社からのリクエストは、「愛への渇望」そのもので、リクエスト通りに書いても、ただ苦しむだけなのは、お釈迦さまの生まれた二千年以上前から分かっていることです。同時に「愛への渇望」は、二千年以上前からの代表的な苦しみですから、根本的な対応はすごく難しく、厳しい仏教の修行を積む必要がある……わけでもありません。

後世のお坊さまたちも偉大ですね。「渇愛」のような難しい課題に対して、かんたんな解決策をつくってくださいました。「南無阿弥陀仏と唱える」「南無妙法蓮華経と唱える」「ただ座禅する」など、どれもそれで十分です。また、これは神社とお寺、両方に当てはまりますが、たとえ信仰していなくとも、その存在すら知らなくとも、一定のご利益は得られます。

神仏が支える愛に満ちた世界へ、あなたをご案内いたします☆

第1章

―神仏も応援する！　愛する人になる非常識な恋愛法則

第2章

知らなきゃもったいない！
恋活・婚活・仕事にも役立つ愛の参拝術

第3章

恋も仕事もうまくいく 最高の神仏はここにいる！

第4章

教えて、リュウ博士。神仏参拝Q&A

第1章

神仏も応援する！
愛する人になる
非常識な恋愛法則

まずは「ありがちな恋愛特集」でしそうな神社の話から

男性は、女性が思うところの恋愛に興味ありません。

その証拠に女性誌では恋愛特集をよく見かけますが、男性誌での恋愛特集はまずありません。なぜでしょうか？

縁結びの社寺参拝も同じこと。良縁祈願といえば女性が大半です。

実際の結婚市場は、日本もアメリカも中国もインドも、未婚女性よりも未婚男性の方が大量に余っています。２０１０年代前半で、日本３４０万人、アメリカ５９０万人、中国はケタ違いで３３００万人、インドだと５０００万人も未婚男性の方が多いです。女性のストライクゾーンから外れる男性が、それだけ多いわけです。

ということは、**女性誌の恋愛特集は、女性から見てストライクゾーンに入る「限られた男性」から「選ばれる」ためのコンテンツです。**

神社参拝の専門家として申し上げると、実は、この**女性誌に好まれそうな「限られた男性から選ばれ愛される神社参拝を教えて！」は、割とカンタンなお題です。**

男性の成功者が通う神社に参拝すればいいのです。「こういう人と出会いたい」という、こういう人たちが行く場所に行けばいいのです。お金持ちがいいなら、商売繁盛で有名な神社とか、お金持ちが住む地域の神社です。成功した男性社長が好きそうな「オレにパワーをくれたイチ推し神社！」に参拝するわけですね。

一方、男性はお仕事をがんばればいい。女性に好かれる研究をする暇があったら、仕事をがんばり、ビジネスの勉強をして、収入や地位を上げるのです。そうすれば「限られた男性の仲間入り」をして、おのずと女性を選べるようになります。もし神社参拝するなら、「成功者が通う神社」や、「あんな風になりたい！」と思える人たちが通う神社に参拝すればいいですね。

なので男性に恋愛特集は必要ありません。仕事で結果を出せば、恋愛は後からついてきます。

ありがちな内容でいいなら、もうこれで情報提供は十分でしょう。

あとも付け加えるなら、細かな黒魔術的テクニックでしょうか。黒魔術の説明は後にします。すぐ読みたい人は、目次で場所をご確認ください。

男性は女性のストライクゾーン入りを目指し、女性はストライクゾーンの男性から選ばれるのを目指す。このような考えでいると、男性は当たり前のように浮気します。

「選ぶオトコ・選ばれるオンナ」「愛するオトコ・愛されるオンナ」の関係でいれば、オトコは普通に浮気するということです。

「選ばれる」なんて発想の時点で、オーディションのような状況になり、「選ぶひとり」と「選ばれたい複数」の関係になるからです。これでは選ぶ立場の人に、遊ばれたり、浮気されたりします。

「男って浮気するものだよ～仕方ない。たまに浮気しない男もいるけど、そういう男を女性は好きにならないでしょ？」。これが世の常識かもしれません。

その常識、本当に正しいのでしょうか？

あのモテる男性は、なぜ妻・彼女が大好きで、浮気もしないのか？

女性にモテるけど浮気しない男性はちょくちょくいます。私は興味を持って、どんな男性なのか分析しました。インタビューして昔を振り返ってもらったわけです。語られたのは例えばこんな過去です。

「オレ、学生時代はデブでモテなかったんだよ。でも今の彼女はそんなオレにやさしくしてくれたから裏切れねー」

「今の妻とは借金がいちばんあった時にお付き合いしました。なんでそんな人と付き合うのと彼女もずいぶん言われたみたいですけど、彼女は当たり前のように（借金を）返せるに決まってると信じてくれましたね」

さあ、なぜ彼らは妻が大好きで裏切らないのでしょうか？　実は、**男性が無意識に**

持つ「愛の法則」があって、図にしたのでご覧ください。愛されていると実感している男性は、まず裏切らないし、浮気しません。

2千年以上前につくられた歴史書『史記』に男性社会の愛をよくあらわす言葉があります。

「士は己を知る者の為に死す」

志ある立派な男性は、自分の価値を理解し認めてくれた人のために、全力を尽くすという意味です。これが古代より男性社会でつちかわれた愛の法則です。

簡単に言えば、「自分のことを愛してくれた人のために、いいオトコなら、めちゃくちゃがんばるよ」ってことです。ただ愛する能力のある

人は少ないので、なかなか愛されることはなく、だからこそ、愛を感じた人には忠誠を尽くすわけですすね。

もちろんこの図は、男同士の愛の法則で、性的なものではなく、プラトニックです。成熟した男性同士による精神的な愛の結びつきです。

ただ、男性は、女性にもこの愛の法則を無意識に当てはめています。

先ほどインタビューした男性たちは、他者からの評価が低すぎた時に、パートナーになった女性から、男性自身の自己評価と同じかそれ以上の評価をされたことで、「この女性はオレのことを理解してくれた！」と感激したのです。**そんな愛と承認をくれた女性たちに、立派な男性ならば忠誠と貢献でお返しします。**

ただ、愛と承認をくれた女性の方は、男性がそんなに感激しているとは、どうも全く気づいておらず、天然のようです。「それそれ！　それで彼はあなたに惚れたんだよ」と指摘しても、「えー、大したことないでしょ」と軽く流されます。

そんな軽い感じなので、愛と承認をくれた女性の方が（ひそかに）浮気したり、別の男性に乗り換えたりすることもよくあります。**「愛する人ひとりに対し、愛される人が複数いる」のは、愛する側が女性でも男性でも同じこと**です。

なぜなら、愛される価値のない人は、まずいないからです。

みんな愛される価値があります。だからこそ、自然に任せると、誰かに自分ひとりだけ愛され続けるのは、ありえません。**「愛されたい・選ばれたい」の意識でいると、浮気されるのはよくあること。自分だけでなく、他の人も同時に愛されたとしても、普通のことです。**それに、愛されているならまだいいです。本当に厄介な問題は、後でさらに解説しますが、愛のない人に選ばれる時です。

一方、**誰かに愛されると人はそれで満足します。**満足すると、他の人に関心がわきません。もちろん他にも愛する能力のある素敵な人たちはいます。それでも**「愛をくれる人は、ひとりで十分」**なのです。

愛されたい人は、愛のない人に ただ都合よく利用される

なので、女性も男性も**「愛する人の側になるのはどうでしょう？」というのが本書からの提案のひとつです。**別に浮気する側になろうと勧めるわけではありません。仕事に専念したい人や恋愛に興味ない人も多いですしね。

ただ、「愛されたい・選ばれたい人」でいるのはリスクが大きいです。**誰も近寄って来ないなら、まだマシです。問題は、近寄ってくる人の多くが、愛のない人の可能性が高いこと**です。

まず前提として、「愛する」ことは、かなり難しい。**好きになることは誰でもできますが、愛することはかなりの成熟が必要です。**

「生まれながらに愛するということをできる人はいない」
「愛とは、何よりも与えることであり、もらうことではない」
「愛は能動的な活動であり、受動的な感情ではない」
「愛とは自然に発生する感情ではなく、幸福に生きるための技術である」
「愛するためには、性格が生産的な段階に達していなければならない」

これらの言葉は、社会心理学者エーリッヒ・フロムの名著『愛するということ』からの抜粋。「生産的な段階の性格」とは、物事に自ら主体的に取り組み、人の成長を助ける性格です。

「愛されたい＝（たくさん）与えられたい」
「あなたが好き＝あなたから（たくさん）与えられたい」

こうした思いは自然な感情です。ただお互いそう思っていると、どちらがより相手から与えられる（奪う）か、シビアにしたたかに駆け引きをする取引のような男女関係になります。**また片方が、愛されたい・選ばれたいからと真面目に尽くしても、相手が愛する人じゃなければ、ただ都合よく利用されるだけ。**いいカモです。

愛する人のいない世界の男女関係、なかなか大変ですよね。
愛する人のいない世界では、実のところ独り身が最も合理的かつ道徳的に正しいのかもしれません。誰かから奪うことも、誰かに奪われることもないからです。

ちなみにフロムは「愛する人＝与える人」と定義していますが、私が補足すると、愛する人で、お金など財産や贅沢品をやたら多く与える人は見たことないです。もちろん適正な報酬はおしみなく払われますし、すぐ行動してくれます。ただ社会正義は守るし、経済取引も適正価格。ちょっと奮発したり、おまけしたり、気を利かしたりする程度ですね。それより、愛する人の気づかいの細やかさや温かさ、受け入れる大きさに人は感激します。

２０２２年版「男女共同参画白書」によると、20代男性の約7割、女性の約5割が「配偶者、恋人はいない」と回答しました。相手がいないのは普通ということです。その原因としてよく経済力の不足が指摘されますが、実際のところ「愛する人」が極めて減ったのではないでしょうか。それは現代の若者が未熟、ということではなく、社会全体で、「愛する人のいない世界」をつくってしまったのだと思います。

先に図で示した**「愛する人が愛と承認を与え、愛された人が忠誠と貢献をお返しする関係」**は、現代の物語では絶滅したように見えます。

なにせ、「士は己を知る者の為に死す」は、漫画『キングダム』の舞台である春秋戦国時代の価値観。二千数百年前の話です。

ただ、いくら社会の価値観や文化が変わっても、人間の本能は変わりません。『キングダム』の時代の愛の形は、現代人にも通用します。


おっと、そろそろ神社仏閣の話ですよ。

愛する人になる神仏祈願

愛することは、かなり難しく、成熟が必要だと申し上げました。

なにせ『キングダム』の時代なら、優れた王や将軍が発揮した資質です。

愛するセンスのある人は存在しているようで、そういう人は当たり前に愛を発揮します。ただ、そうじゃなければ、「愛するってそもそも何だ?」と、さまざまな物語を通して、愛する感覚をダウンロードする必要があるでしょう。

この**愛する感覚をダウンロードする場所として最適なのが神社仏閣です。**

「知は愛、愛は知」とは日本初の哲学者・西《にし》田《だ》幾《き》多《た》郎《ろう》の言葉です。「士は己を知る者の為に死す」。知ることは愛することなのです。

愛することを言葉で十分に表現しきることはできませんが、例えば相手の思いをくみとり、相手の本当の価値（真価）を見抜き・受け入れて、態度にあらわすことです。愛するセンスのある人は、他人の真価に当たり前に気づき（だって見たらわかる）、自然に態度にあらわすので、本当に普通にしているだけのようですね。

愛されたい人より
愛する人になる方が
良縁をつかめるよ
愛する人になるために
神様や仏様が
助けてくれるよ
ダウンロード中

昭和初期以前の男社会は、そんな愛してくれるひとりの英雄（オトコの中のオトコ）のために、多くの愛されたい男性が忠実に尽くしたわけですね。

そんな**「知ること＝愛すること」をごく自然にごく簡単に身につけられるのが、神社仏閣やお地蔵さん参拝**です。

最初に申し上げた通り、
「知る ↓ 愛する ↓ 貢献する ↓ パフォーマンスが向上する」

そのスタートは、誰か（何か）が良い人だと知ること。そうすると、その誰かを愛するようになります。

神社仏閣お地蔵さんは、この「誰か（何か）が良い人だと知る」をなぜかサポートします。学術論文で報告された調査データ各種を見る限り、神社仏閣が身近にあると、なぜか人への信頼が高まり、なぜか与え合いの気持ちが高まり、なぜか地域愛（同じ地域に住む人たちへの愛情）が向上するのです。

神仏は愛することの良き先生です。

愛する人になるための
おひとりさまのススメ　ｂｙお釈迦さま

仏教は「究極のおひとりさま」を目指す宗教と申し上げました。

お釈迦さまの教えは「異性とは目も合わせないニートになれ」。実は、この極端な教えを実践すると「愛する能力」の基本が身につき、縁結びにもプラスです。

その理由を解説するには現代心理学の知識が必要です。

今からお伝えすることは、仏教の専門家の解説をもとにしたものではありません。

私個人の解釈だとご理解ください。

この極端な教えのポイントは**「他人を気にしない状態を強制的につくる」**こと。

「異性と目も合わせない」は、正確には同性も含めて、性的な対象の人と接しないことです。性的対象の人と接すると、この人に好かれたい、性的なことをしたい、愛されたい、結婚したいなど、「〜したい」「誰かに〜してもらいたい」が出てきます。性的対象と接しないことで、「誰かに〜してもらいたい」を強制的に取り去ります。

「ニートになれ」は、対価（報酬）をもらって働くな、という意味です。バイトひとつできませんね。対価をもらって働くと、お金など報酬をくれる雇用者や上司に気に入られたい、高く評価されたい、自分に都合の良い人事をしてもらいたいなど、「〜したい」「誰かに〜してもらいたい」が出てきます。対価をもらって働かないことで、同じく「誰かに〜してもらいたい」を強制的に取り去ります。

そんな**究極のおひとりさまになると、やることはひとつしかありません。自分を見る。ただ、これだけです**。他人の目を気にしない・気にできない状態をつくって、強制的に自分しか見ない状態をつくります。

強制的に自分しか見ない状態になると、どうなるでしょうか？

自分が好きになります。自分が好きになって、「自愛」という状態になります。

「ザイオンス効果（ザイアンス効果）」ってご存知でしょうか？

ザイオンス効果とは、特定の人や物事にくり返し何度も接触することで、好感度や評価が高まる心理を表します。

以前、映画の編集者（男性）が、編集の時にくり返し同じ動画を見ていると、かわいくないと思っていた女の子が、段々かわいく見えてくると言っていました。

お釈迦さまの教え「性的対象と目も合わせないニートになれ」を実践すると、自分だけを見るため、ザイオンス効果が自分自身にはたらいて、自分のことが好きになり、自己評価も高まるわけですね。

自分が嫌いだと、「〜したい」は全て結局、「誰かに〜してもらいたい」になります。誰かのために何かしているようでも、結局は誰かに何かしてもらいたい。根っこの思いは誰かに与えてもらう期待でいっぱいで、愛する能力が育ちません。

自分を受け入れられないと、他人次第の自分になり、自己評価も他人次第。そのため、他人に愛されたい、認められたい、支配したいなど、他人を思い通りにしたい欲求がふくれあがります。思い通りにならないことは受け入れられないため、他人を支配することに執着します。

お釈迦さまの極端な教えは、そんな他人次第の自分を全て強制リセットします。

愛する基本は自分を好きになること。

自分を好きになった上での「〜したい」は、「誰かの生命や成長のために〜したい」と、主体的で、見返りを求めない「〜したい」が出てきます。他人が思い通りにならなくても受け入れますし、そもそも他人を思い通りにしたい執着が薄れます。

エーリッヒ・フロム曰く

「一人でいられる能力こそ、愛する能力の前提条件」

自分のことを好きじゃない世界の中にいたまま、いきなり愛する人の真似事をすると、あれこれ与えすぎるだけで、ただの「いいカモ」です。

「性的対象と目も合わせないニートになれ」は極端すぎだとしても、**おひとりさま行動を楽しむことは、愛する能力を育て、いいご縁を結ぶのに必ず役立つでしょう。**

参拝にマナーはあるがルールはない。大事なことは神仏への●●と●●

ひとり神社仏閣参拝なんかもおすすめですね。
そこで参拝の基本についてお伝えします。

私はお寺よりも神社の方がくわしいですが、まず特に決まりやルールはありません。**神社もお寺も、かつては字の読めない人たちが沢山参拝していましたから、難しい決まりや作法は何もないのです。**

手を合わせて、頭を下げる。これが神仏への祈りの基本です。

浄土宗・浄土真宗なら、手を合わせて「南無阿弥陀仏」と（心の中で）唱えればそれで十分です。ただ一心に「南無阿弥陀仏」と唱えれば、極楽往生すると浄土宗の開祖・法然は主張しました。他のことはしなくとも、ただひたすら南無阿弥陀仏を唱えればいいというわけですね。

お釈迦さまの教えはハードルが高すぎでしたが、これなら誰でもできそうです。

参拝の決まりやルールはないと申し上げましたが、マナーはあります。マナーとはまず他の参拝者や社寺の職員の方々に迷惑かけないようにする人としてのマナーがありますし、神仏に対するマナーもあります。

神仏に対するマナーは、敬意と感謝です。（これが前ページの●●に入る言葉）**敬意をあらわす動作がお辞儀で、感謝をあらわす動作が合掌です。**

また、ルールはありませんが、多くの人がしている慣習はあります。「このように参拝してください」と境内でかんたんにご案内されていることも多いですね。もし参拝方法がご案内されているなら、その通りにされてください。

神社参拝における近年の慣習は、参拝前に手を洗い、おさいせんを入れ、深くお辞儀を2回して、拍手を2回打ち、お祈りをして、深くお辞儀を1回して参拝完了です。出雲大社や彌彦《やひこ》神社など一部の神社では拍手4回です。

ただ「こんな参拝方法は禁止」など罰則はありませんので、周りと同じやり方をしないからダメ、もありません。

他の参拝者や職員の方へのマナーにお気をつけいただければ、お辞儀を3回以上しようと、拍手を3回や5回以上打とうと、特に問題とはされないでしょう。

大事なことは、手を合わせ、神仏に敬意をもって頭を下げることです。

あえて皆さまにお伝えすることがあるとすれば、御朱印です。御朱印をいただかれるのは良いのですが、いただく前にまず参拝して神仏にご挨拶されてください。これもマナーのひとつですね。

神社仏閣参拝において、絶対の正しいルールはありません。

「こうしなければいけない」
「これが本当に正しいやり方だ」
「あのやり方じゃ神仏につながらない」など。
そんな「〜すべき」「〜せねば」な思考は、神社仏閣の思想に合いません。

人間という生き物は、色々な人が「勝手に」ルールをつくってしまいがちです。マナーはあってもルールのない神社仏閣参拝において、これはちょっと厄介です。神道も仏教も、自然でいることや調和を大事にしているからです。

なので、**あえて「これだけは絶対にやめた方がいいこと」をひとつだけあげるなら、「多数の他人のやり方を強く否定すること」です。**参拝者の半数以上がするような、常識的なやり方や考え方を否定したり見下したりしないこと。特に縁結びを目的とするなら、目的は「人と良いご縁をつくること」ですよね。**ご縁を結ぶ対象である人間の多くを否定したら、ご縁が絶たれるだけで、つながるはずもありません。**

余計なことを考えずに、あなたの素のまま、素直に自然に神仏とお向き合いください。参拝で大事なことは、たったそれだけです。

私、神様に呼ばれてますか？

「私、神様に呼ばれているのかなあ？」「歓迎されているのかなあ」と悩んだり迷ったりする人をたまに見かけます。

呼ばれないと行けない・たどり着けない神社があると、神社好きによくウワサされますが、これは単にアクセス困難な場所にある神社のことです。行きづらい場所、見つけにくい場所にある社寺はありますからね。

そして参拝された方は、みな等しく歓迎されています。せっかく参拝したのに、「呼ばれてないのかなあ」「歓迎されてないのかなあ」と心配する意味は全くない。**「あなたは呼んでないから、不運なことを起こす」なんて、意地悪な神仏は存在しないからです。**だから、心配しないでください。

「神様に呼ばれているのかなあ？」を気にするのは、「彼は私のこと好きなのかなあ？」と気にするのに似ています。神様は一般に「みんなのことが平等に好き・愛している」ようなイメージですよね。にもかかわらず、「神様の気持ち」が気になるのなら、ましてや好きな人の気持ちは、もっとあれこれ気になることでしょう。

神様に自分が呼ばれているか気になるようでしたら、「もっと自分を好きになって！」「もっと自分の気持ちに目を向けて！」のサインです。

私が行きたいから、あの神社やお寺に参拝する。それで十分だし、それ以上は余計な考えです。神仏に敬意をもつのは大事ですが、お気持ちをあれこれと推測しても仕方ありません。「神仏はみんなを愛している」。それでいいじゃないですか。

あなたを幸せにみちびく神仏の仕組みとは？

幸せになることと、不幸にならないことは、似ているようで全く違うもの。
経営学の中でも組織の心理学を研究する方なら、人が満足するために必要なことと、不満を減らすために必要なものは、全く違う次元にあることを知っています。

神仏の存在は、幸せになるための仕組みです。

不満や不幸になる原因の多くは、物理的な不足です。物の不足、お金の不足、休みの不足などです。ある程度の衣食住や休みがあれば、不満や不幸は減ります。
一方、幸せや満足が増える原因の多くは、精神的な喜びや充実です。人から感謝される、自身の成長を実感する、家族や仲間と楽しく過ごすなどにより、人はより満足し、より幸せになります。

以前1200人に調査して、神社参拝する習慣のある人の方が、習慣がない人よりも幸福度が高いことが分かりました。

神社参拝するかどうかで、特に大きく幸福度の差があらわれたのは、年収1500

万円以上の人。年収１５００万円以上の人でも、神社に参拝しない人は、日本人の平均的な幸福度にも満たなかったのです。

たとえば神社に参拝しない年収1500万円以上の人は、年収500万円以上（〜1000万円未満）で年1回以上神社参拝する人よりも幸福度が低く、また年収500万円未満で神社に年2、3回参拝する人よりも幸福度が低くなりました。

お金持ちでも、神社に全くお参りしないと幸福度の低い人が多いのです。

一般に収入が多いほど、幸福度は高くなります。ただ、それは一定の収入まで。

例えば、大阪大学の筒井義郎教授らの調査では（2005年当時）、年収500万円までは収入が増えるほど幸福度も上がりますが、そこから900万円までは横ばい。

年収１５００万円以上になると、収入が増えるほど幸福度は少しずつ下がります。

内閣府による令和元年の調査でも、最も生活満足度が高いのは世帯年収2000万〜3000万円の層で、それ以上になると生活満足度は低下します。**世帯年収１億円以上の「最富裕層」の満足度は、年収７００万以上〜１０００万円未満の人たちより**

も低いと報告されています。

貧困は不幸を招きますが、多額の資産は幸せを遠ざけるのです。**お金持ちが幸せから遠ざかる原因は、信頼の不足。すなわち愛の不足です。**

私が過去の本で紹介した大学の学術調査によると、先ほど申し上げた通り、神社仏閣が身近にあると、なぜか人への信頼が高まり、与え合いの気持ちが高まり、同じ地域に住む人たちへの愛情が向上します。このことが「お金持ちって実は幸せじゃない問題」を解決するのです。

人を信頼できるかが、お金持ちが幸せになれるかどうかの分かれ目です。

お金持ちの状態で人間不信なら、「お金を奪われやしないか？」「こちらの意に反して一方的に利用されやしないか？」と、周りを警戒し、心配します。これでは大金を稼げるからこそ、精神的に辛いし怖くなります。

一方、周りはいい人が多いと信用している状態だと、お金をたくさん持っていることは、ありがたいことです。楽しいこともたくさん経験できるし、困っている大事な仲間を助けられます。

まとめますと、神仏祈願で幸せになる仕組みは人への信頼と相互協力の向上。お金持ちに限らず、全員に当てはまることですね。

マル秘☆参拝術①

入口前で「何を相談に来たのか？」明確にする

ここからは、あまり知られていない、神社仏閣の活用法をお伝えします。もちろん私自身、実践して効果があったものです。

フツーに参拝していただければ十分だとは思いますが、せっかくなので興味深かった発見をお伝えできればと思います。

最初にお伝えするのは、参道を歩くのに1分以上かかりそうな社寺限定の方法です。

まず門の手前がポイントです。神社だと鳥居の前ですね。

「これから参拝するぞ！」と気持ちを切り替えて、門や鳥居をながめます。


ここで私のおすすめは「相談したい内容を決めること」です。

「一体私は何のために、目の前の社寺を参拝するのだろう？」と、ちょっと考えていただき、心の中で相談内容を決めて宣言して欲しいのです。

相談の具体例をあげると、

「〇〇さんとお付き合いしたいです」

「〇〇さんとお別れしようか迷っています」

「私に合う人と出会いたいです」

「もう会社を辞めようかと思っています」

「商品の売れ行きに自信がありません。もっと売れるようにしたいです」など。


基本は、「こうしたい」「こうなりたい」という自分の意思を示すことです。もし迷っているなら、迷っていることを明確にしてください。

話が長いと、意思が明確になりませんので、ひとこと、ふたことにまとめてください。文章でいえば1行以内ですね。

話が長くなる原因の大半は「言い訳」です。人間相手に言い訳する意味はあるかもしれませんが、神仏に言い訳する意味は全くありません。

「悪いやつ・ひどい人と思われそう！」なんて気にせずに、神仏に伝えたいことは、本音をシンプルに表現するのです。

そして心を決めて軽くお辞儀をし、門・鳥居をおくぐりください。

マル秘☆参拝術②

神仏は参道で隠された本心を「暴露」する

さあ、お心は決まりましたか？

相談内容を心の中で宣言してから門・鳥居をくぐると、参道で相談内容の回答が返ってきます。心の中に浮かび上がるのです。

「神仏が話しかけてくれるの？」

「私はそんなの聞いたことないけど！」と思われそうですね。

「あー、普通に話しかけてくれるよね」という方もいらっしゃいそうです。


たとえば、自分の心の中でこんな思いが浮かび上がります。


「〇〇さんとお付き合いしたいです」

（回答）→「1回ヤレればいい」→（本気で好きじゃないと気づく）

「〇〇さんとお別れしようか迷っています」

（回答）→「別れよう」→（別れを決める）

「私に合う人と出会いたいです」

（回答）→（ある人の顔が浮かぶ）→（あ、あの人がいたかと納得）

「もう会社を辞めようかと思っています」

（回答）→「一人前のエンジニアになりたい」→（願いの本質に気づく）

「商品の売れ行きに自信がありません。もっと売れる方法を知りたいです」

（回答）→「一流の良い商品をつくろう」→（目先の売り方に走るのをやめる）

「（シンプルにまとまらずウダウダと相談を伝えた場合）」

（回答）→「中途半端」→（あー、これじゃダメだなと気づく）


このように、**参道を歩いていると浮かび上がる相談内容の回答とは「自分から自分への回答」です。**

潜在意識に隠されている自分の本音が、ふと、わいてくるのです。

神仏はスクープ誌以上に、自分の隠された本心を暴露してきます。

誰にも聞かれていないので、慌てる必要はありませんが、それでも「そんなことを思っていたのか」とショックを受けることはあるし、逆に「それでいいんだ」とホッと安心することもあります。

結婚を意識する女性のご相談でよくあるのはこんな回答です。

「できれば来年には結婚したいです」

（回答）→「家族が健康であればそれでいい」→（結婚したいのは、ただ親を安心させたいからだと気づく）

結婚したいと言いつつ、本音は「今の家族が大事。以上」ということですね。

今のままでいいし、今のままが続いて欲しい。だって今、幸せなのだから。

「結婚したい」の本音は、「今の幸せがこのままずっと続くのか？　いや、続くわけがない」という不安のあらわれであることも多いのです。

参道を歩くコツは、ただ静かに歩けばいいだけです。

あえて注意点をあげるとすると、参道では、ずっと誰かとしゃべり続けたり、写真

を撮り続けたりしない、だけでしょう。自分の内側に心を向けることなく、外ばかりに意識が向くと、本音を明らかにする時間が取れないからです。

なお、特に回答がなくとも、それはそれで問題ありません。暴露するような、隠された本心は、特別なく、素直に生きておられるのでしょう。

そもそも、なんとなく参拝したり、あるいは日々の習慣で散歩のように参拝するだけなら、相談することはないのですから、回答もなくて当然です。相談することは義務でもルールでもありません。ただ、あなたがしたければ、してください。

「こんな参拝法を私はこっそりしています」という共有にすぎません。ご自身の隠された本心を知りたい方は、ご活用ください。

マル秘☆参拝術③

素直な気持ちを神仏に伝える以上に大切なことはない

さあ、イザ神仏の前に立ちました。神社では拝殿と呼ばれる場所で、目の前には、おさいせん箱のある社寺が多いでしょう。
隠された本心が明らかになった人も、もともと素直なためか特に何もなかった人も、ここで祈ることはただひとつです。

素直な気持ちで祈る。ただそれだけです。

パナソニック創業者の松下幸之助氏は、神仏によく祈っていたことでも有名です。「何をお祈りされているのですか」と問われた幸之助氏は、「一つは根源に対する感謝や。いま自分がここに生まれているということも根源の力のおかげやからね。もう一つは自分が何ものにもとらわれない素直な心で、自然の理に従っているのかどうかを反省しているのや」と答えています。

経営の神様と呼ばれた祈りの達人は、自身が存在することへの感謝と、そして素直な心でいられるようにと誓ったわけです。

だから自身の素直な気持ちを明らかにすることが何より大事で、あとはただその気持ちを神仏にお伝えするだけです。

神仏というと、この世を支配する絶対者のようなイメージをお持ちかもしれませんが、日本の伝統宗教では、神仏の正体は自分自身の奥底にある何かです。

潜在意識の奥底にある自分自身のことで、これを昔の宗教人は神性《しんせい》とか仏性《ぶっしょう》と表現したわけです。

だから**たまに「神様（仏様）ってバチを当てるんですか？」と問う人もいますが、バチを当てるのは人間です。**人間が人間にバチを当てるだけ。あなたや他の人が、誰かにバチを当てる気なら、バチが当たります。もし、人間が罰したのではなく、神罰・仏罰が当たったように見えることがあるとしたら、それはただの偶然です。

自然災害も、自然が人間のように主体的な意思を持つわけではありません。あくまで自然の流れで変化が生じただけで、当たり前ですが、そこに悪意や罰したい意思はありません。ただ、人間が勝手に「これは神のご意思ぞ！」と妄想するだけです。

同じように、人間のご縁も、自然の流れで生じたり消えたりします。

ただ人間の場合、自然の流れに任せたくない気持ちも強い。できれば自分の思い通り・欲望通りにコントロールしたい意欲があるわけです。だからこそ松下幸之助氏は、「素直でありたい」と、毎日毎日祈り、反省し続けたわけですね。

それくらい、素直でいることは困難です。

困難だからこそ、神社仏閣に参拝する意義もあります。

神社仏閣参拝は、人が素直でいられることをサポートします。自分の潜在意識の奥底にある神性や仏性と向き合う貴重な機会です。

有名な社寺に参拝することを「観光」といいますが、観光の語源は「光を観る」。その光とは、あなたの中にある神性・仏性です。

何も考えず、それでいて集中していると、素直があらわれてきます。神仏に祈るときは、あなたの素直な気持ちを、ぜひそのままお伝えください。**もし参道で明らかになった本心と、門・鳥居の前で決めた相談内容に、違いやズレがある場合は、参道の本心の方をお伝えされてください。**

私が本書でお伝えする「マル秘☆参拝術」の特色は、表面的な本音と、奥底の本心との間の、違いやズレを見つけること。できるだけ素直な気持ちで神仏の前に立つための、私なりの工夫です。よかったらお試しください。

あとは、もう少し細かい参拝法もお伝えしましょう。

神様・仏様のお名前を唱えると「いい反応」が返ってくる！

参拝した神社のご祭神のお名前はご存じですか？

参拝したお寺のご本尊のお名前はご存じでしょうか？


実は知らない方、かなり多いです。難しい名前も多いですしね。なので、ご存じなくとも、不安にならないでください。

ただ、人間にたとえると、人の家に来て、あれこれお願いしているのに、家の人の名前すら知らないって、かなり失礼です。神仏へのマナー違反か心配になりますね。


先ほども申し上げましたが、神仏の正体は自分自身の奥底にある何か。潜在意識の

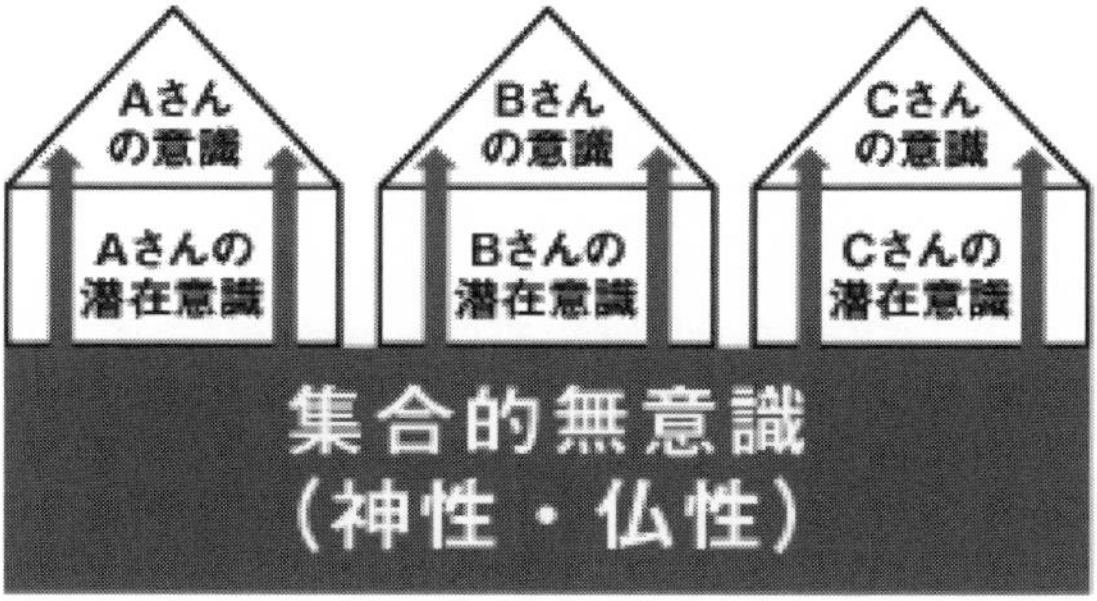

奥底にある自分自身なので、名前を知らなくとも失礼や問題はありません。仕事や受験のような、自分が努力すれば結果が出るようなことなら、ただ参拝するだけで十分です。粘り強く自信をもって取り組めるでしょう。

それでも、**ご祭神のお名前を唱えて神社参拝すると、反応がかなり変わります。**風や雰囲気、森林のざわめきなどで、見えない存在がその場で返事でもしているかのような反応が返ってきます。密教のお寺でも、ご本尊につながる真言《しんごん》（マントラ）を唱えると、やはり少し雰囲気の変わるところが多いです。

神仏も、ご自身のことを理解しようとする人たちがあらわれると、嬉しいのかな？　とつい思ってしまいますね。

実は**神仏の正体は、「潜在意識の奥底にある私」**をさらに超えた先にある、**他人とも共有する無意識です。**ユング心理学の用語で、集合的無意識といいます。私独自の言葉を使うなら、「神仏とは祈りの集合体」です（前ページ図参照）。

他人と何かを共有するときは、他人との共通言語が必要です。その共通言語が、神道ならばご祭神のお名前や祝詞《のりと》、仏教ならば南無阿弥陀仏や南無妙法蓮華経などのお経や、ご本尊につながる密教の真言です。

もし、ある社寺に独自の真言があるならば、その真言を使うことで、その社寺を信仰する人たちが共有する無意識（祈りの集合体）にアクセスできます。

他人との共通言語を使用すると、同じ共通言語を使用してきた人たちを受け入れる気持ちが高まり、その人たちとのシンクロやご縁結びも起こりやすくなるのです。同じ遊びをしたり、同じ特殊な言葉を使うと、仲良くなるようなものですね。

結論をいうと、ご祭神やご本尊のお名前を知り、所定の真言などを唱えることで、多くの他人を尊重する心が育ちます。この他人を尊重する心が、良縁祈願やパートナ

ーシップの改善、円満な縁切りなどにもプラスになります。仕事のように努力して結果を出すようなことではありません。他者への信頼や安心、受容が大事だからです。

悩みや心配のない世界へ行く方法

こ難しい理屈はこの辺にして、神社で参拝する場合だと二拝して合掌し、拍手を二回打って心の中でこのように唱えます。

「あまてらすおおみかみ様、あまてらすおおみかみ様。東京都港区六本木7丁目の八木龍平と申します。家内安全」のように。

「ご祭神のお名前を2回。住所と氏名。祈願内容」です。

ご祭神のお名前を唱える回数に決まりはありません。なんとなく1回だと物足りなく感じて2回か3回唱えています。4回以上お唱えしても問題はないと思いますが、そんな何度もお呼びしなくとも気づかれるだろうと、2回か3回にしています。

住所と氏名と祈願内容をお伝えしているのは、正式参拝や御祈祷の時に、神職さんのされていることを、そのまま真似ています。私がどこの誰で何を祈願しに来たのか、神様に明確にお伝えするわけですね。

拍手の打ち方も神職さんを真似て、右手を第一関接分だけ下にずらして拍手を打っています。左手が少し上（右手が少し下）なのがポイントで、また手を少しずらすことで神様の世界の扉を開くとイメージしています。61ページの図でいえば、集合的無意識の領域への扉を開くのです。

お寺だと、拍手は打ちません。浄土宗・浄土真宗なら、ただ両手を合わせて南無阿弥陀仏と唱えます。阿弥陀如来を称える言葉です。南無阿弥陀仏と唱えることで、南無阿弥陀仏を唱えてきた人たち全体の意識にアクセスするわけです。

そうして**集合的無意識の領域にアクセスすると、自分個人の悩みや迷いが、なぜか消える謎現象が起こります。これでいい、という確信に達します。**

これはもう「経験してください」としか言いようがないのですが、悩みや苦しみが一瞬にして消える時があって、この謎現象を起こしたくて、いろいろな伝統宗教のアプローチがあります。瞑想状態になると起こりやすいので、その状態になるべく、ひたすら座禅を組んだり、ひたすらお経を唱えたりするわけですね。

神道だと、お寺のような修行をしない代わりに、瞑想状態が起こりやすい環境をつくります。その環境が神社です。

恋愛やパートナーシップで悩む人も多いと思いますが、正解のない事柄です。人の数だけ正解があるといった方が正確でしょうか。社寺を活用して、たとえ謎現象でもあれこれ悩まない状態になればそれでいいかなと思います。

神仏と心理学コラム

なぜ社寺で参拝前に手を洗うの？参拝後ではダメな理由

神社仏閣参拝では、境内に入った後、参拝前に手を洗う習慣があります。この手を洗うこと、科学的な視点でみると、こんな効果があります。

○自分の判断を「正しい」と思いたい自己正当化が消え、先入観なく判断できる。
○罪悪感などネガティブな感情や記憶が減る。

手を洗ったり、手をウェットティッシュでふいたりする行為には、このように「精神的なおそうじ」になると、さまざまな心理実験で判明しています。

嫌なことや偏見があっても、スッキリと素直な状態で神仏の前に立てますね。

手を洗わない人は、自分が選択した物事を高く評価し、選択しなかった物事を低く評価することで、「自分の選択はやはり正しい」と安心感を得ようとします。

「いいことじゃないか！」と思われるかもしれませんが、裏を返せば、本当に自分の選択は正しいのか、迷いや不安があるわけです。その迷いや不安が刺激されて、「いや、私は正しい！」と、偏見が強く出るわけです。

しかし**手を洗えば、自分の選択への迷いや不安もなくなり、楽観的になれます**。自分の間違いやネガティブな出来事を「そんなこともあるさ」と、ありのまま受容することができます。

ただ、手を洗うことが逆効果になることもあります。

手洗いは罪悪感などのネガティブ感情を洗い流すだけでなく、「次はもっとがんばろう」というやる気まで洗い流すとの報告もあります。**手を洗うと楽観的になりますが、同時に油断も招いてパフォーマンスが下がるのです**。

また、ものすごくファンの人と握手した場合、「この手はもう一生洗いません！」と反応することがあります。こうした反応を心理学で解説すると、手を洗うと楽しい記憶が除去されるから嫌がっていると解釈できます。

手を洗うと、罪悪感などのネガティブな感情や記憶が減るだけでなく、ポジティブな感情や記憶も洗い流されてしまうのです。

だから参拝直後に手を洗うことは無いのです。せっかく参拝してやる気が高まったり、スッキリと清々しい気持ちになったりしているのに、水で洗い流してしまったら、何だかもったいないですよね。

手を洗うだけでなく、顔を洗ったり、頭や体を洗ったりすることも、あるいは水を使ったお掃除も同じです。

1日の最後にお風呂につかってから寝る人も多いと思いますが、いい習慣だと思います。1日の嫌なことをスッキリ洗い流して眠りにつけるからです。

また眠ると、潜在意識や、場合によっては集合的無意識にまでアクセスしてしまうので、なるべくネガティブな感情や記憶は減らしてから、寝た方がいいです。汚れたまま眠ると、過去のネガティブな感情や記憶にアクセスしがちですから。

第2章

知らなきゃもったいない！恋活・婚活・仕事にも役立つ愛の参拝術

参拝の後が本番

「すぐに変化する」ので何が起こるか要確認

私が知る限り、すごいと評判の神社参拝や、東京浅草の待乳山聖天《まっちやましょうでん》で行う浴油祈祷《よくゆきとう》のようなお寺の特殊な祈祷は、すぐに変化が出ます。

人からうれしい連絡が来るなど、**現実が動く変化は、早ければ参拝・祈祷中に、だいたいは3日以内に起こるでしょう。**

特にちょっと興味を持って参拝し始めた頃は、次々に変化が起こって「すごい！」と思う人も多いです。

なので、参拝・祈祷した日から3日くらいは、何が起こるか観察してください。

変化の中には、自分で「これしてみよう」と行動することも含まれます。自分の中で「やってみよう」と気持ちがわきあがるのも、参拝・祈祷の変化です。思い切ってやってみてください。

「こんなラッキー、受け取っていいのか？」と謙虚な方なら不安に思うかもしれません。しかしみんなの神様・仏様です。自己中心的な、自分個人にだけ都合のいい変化は起こりません。あくまで**関係者全員にとって都合のいい変化、あるいは不都合の無い変化が起こります。**

なので、起こったうれしい変化は、遠慮なく受け取られるとよいでしょう。あなたがその変化にふさわしいから、現実になったのです。

参拝の後が本番

「抜き打ちテスト」で本気を試される

実はちょっと意地悪な変化が起こるときもあります。

例えばある人との縁切りを願ったら、すぐにその人から連絡が来るなど。

これはいわゆる「お試し」です。「何なの?!」と言いたくなりますね。

私の場合だと、縁切りを願ったら、縁切りしたい原因がすぐなくなったことがあります。そうなったら、当面は問題なくなったので、「関係が継続できるな」と判断して継続を選びました。しかし結局、それから数ヵ月でご縁は切れました。

「あの人とのご縁を切りたいみたいだけど、継続できる道もあるけど？」とすぐに提案が来たわけですね。だから、お試しです。

変化を選びますか？　それとも、このまま継続しますか？

どちらが正解ということはなく、どちらを選んでもいいです。

変化を選ぶ方がかっこよくて正解のようにも見えますが、実際のところ、少しでも現状を継続させた方が有利な時はたくさんあります。**好景気で上り調子なら変化を選ぶ方が有利ですが、不景気で下り坂なら現状維持の方が有利です。**

どちらが正解ということはなく、どちらを選んでもいいです。

縁切りしたい人からすぐに連絡が来たなら、「ちょうどいい」とばかりにお別れを伝えてもいいですし、気持ちがひるんで「やっぱり、やめとこ」でもいい。

私の場合なら、「当面は問題なくなった。でもやっぱり継続は難しいから、すぐに縁切りしよう」と判断してもよかったわけです。

決して悪い話ではなく、むしろ選択肢が増えるので、「お試し」があったら前向きにとらえてみてください。

今の時代なら「縁結びはお寺がいい」と思う理由

神社好きな方には少し恐縮ですが、神社よりお寺の方が「今の時代に限っていえば」縁結びに向いていると思います。

神社の日本神道と、お寺やお墓の仏教。どちらも日本の伝統宗教ですが、目的が異なります。

神道は日本という共同体の維持・発展を目的とし、仏教は個人の精神的な覚醒「悟り」を目的としています。

つまり**「神社は社会のため、お寺は個人のため」**なのです。

政治思想に例えれば、神道・神社は保守、仏教・寺はリベラルですね。

結婚はかつて「家のためのもの」でした。昔は「結婚＝仕事」です。そして恋愛は貴族の趣味であり、私的で贅沢な遊びです。

結婚とは、「家」という共同体の維持・発展のためのもの。婚姻件数が最多だった昭和47年頃までは、そんな感覚が濃厚だったように思います。


かつて男性が出世して「上流階級」の仲間入りをするには、結婚がほぼ唯一の手段でした。有名な男性プロスポーツ選手も、名家のお嬢様と結婚して「一族の一員」を目指したものです。一般男性にとって結婚は「成り上がる手段」という一面があり、勤務先の社長の娘と結婚すると、出世が約束されて、うらやましがられました。

現代人の感覚だと、私もそうですが、社長の娘と結婚なんて最悪でしょう。家に帰ったら勤務先の社長がいるとか、気が休まらない地獄です。

現代の男性有名プロスポーツ選手は、女子アナやアイドル、モデルなど、人気有名人と結婚するのが、ひとつのサクセスストーリーになっています。いつの間にか、お家柄は問わなくなり、上流階級の一員を目指す男性はほぼいなくなりました。

以上は男性視点ですが、第2次世界大戦後の昭和・平成で、結婚はいつの間にか、家や仕事のためにするものから、かなり個人的なものへと変化したのです。

そうなると**良縁祈願も、神社参拝ばかりでなく、お寺参拝も大事です。**縁結びというと神社参拝の方が人気に見受けられますが、**結婚が個人的なものになるほど、仏教の知恵を学ぶ大事さが増します。**

仏教の難しい所は、勉強や修行が必要な点です。

神道は、神社にただ参拝すればそれで十分。神社という空間に価値があり、近年ではパワースポットと呼ばれるようになりま

神社
寺院
今の時代の良縁祈願は神社参拝だけじゃなくお寺への参拝もおすすめ
仏教の知恵に幸せをつかむヒントがあります

した。

一方、**もし仏教にパワースポットがあるとしたら、それは僧侶でありお経です。**お寺という空間も、もちろん建築物として価値あるものや神社的なパワースポットもありますが、それでも最も価値あるものはお釈迦さまが伝えた悟りの知恵です。そして悟りの知恵を文字にしたお経と、悟りの知恵を伝え実践する僧侶です。

お経を読み、僧侶の話を聞き、座禅を組むなどして、自分で悩みを解消し、迷いを断ちます。「こういうことでいいのか」と自分で悟っていくわけですね。


縁結び目的でお経を読むのは、ちょっとシュールですが！

ご縁は主に神社でつくりながら、そのご縁を生かしたり、ご縁から生じる悩みを解消したりするのに、お寺参拝やお墓参り、お経や僧侶の話など仏教の知恵を活用してはいかがでしょうか。

もしも周りと比較して、あせって神仏に祈りたくなったら？

「周りが次々に結婚して、あせってしまう……」

よく聞く話です。結婚や出産、あるいは仕事なら出世など、周りが次々と結果を出し、先に進んでいく中で、あせってしまうのは当たり前のこと。

特に「何歳までに○○をしたい」と期限を設定しているなら、余計にあせるし、悩むことでしょう。

「よーし！　縁結びで有名な神社にでも参拝してみるか！」

周りと比較して、あせって縁結びの神社や寺に参拝する。いいと思います。気がすむまで、気持ちが落ち着くまで参拝してはどうでしょうか。

「あせって行動するのは、よくないんじゃないの？」

そう思う人もいるかもしれませんが、問題ありません。

あせるというのは、生理学レベルでいうと、脳の扁桃体が過剰反応しています。扁桃体は危機かどうかを判断して、危機だと判断した場合、緊張して闘争・逃走本能がスイッチＯＮになり、今すぐ行動したくなります。
友達や同僚が結婚したことで、ネガティブな感情が次々にわきあがると、扁桃体は危機だと判断して、闘争・逃走本能にスイッチが入ります。ただ、友達や同僚が結婚したからといって、何も危機は起こっていません。闘争も逃走も必要ないわけです。しかし、何かせずにはいられない。以上が「あせり」のメカニズムです。

あせる人に「あせらなくていい」と言うのは正論かもしれませんが、そんな一言であせりがおさまるわけはなく、余計にイラつかせます。緊張して活性化した闘争・逃走本能を静めるには、リラックスや集中することでストレスを和らげ、闘争・逃走反応のスイッチをＯＦＦにすることです。
リラックスや集中してストレスを和らげるのに、神社仏閣参拝や、座禅、読経、写経などは役立つでしょう。特に美しく豊かな森林の社寺はおすすめです。また音読や文字の書き写し自体に、扁桃体の過剰反応を静める作用があるので、実のところ普通の本や外国語の音読・書き写しでも役立ちます。

自然豊かな神社仏閣に参拝すれば、あせりが静まり、自然な気持ちを取り戻すでし

ょう。どうぞ安心して、あせってご参拝ください。

「今の自分がイヤ」なら恋活・婚活はゆっくり進もう

「あの人が結婚した。私も早く結婚したい！」
「あの人みたいに大事にされたい」
「あの人の持っているような家や車が欲しい」

そんな他人をうらやんでの「〇〇したい・されたい！」の根底には「今の自分が嫌い・認めたくない」があります。自己否定が強い状態です。

自己否定が強い状態での恋活・婚活は、ゆっくり進みましょう。一旦ストップしてもいいくらいです。

向上心のあらわれとも取れるので、「自分が嫌いでもいいじゃないか」「あの世界最強ボクサーの井上尚弥選手だって自信がないんだ」と反論する方もいるでしょう。

実際、**仕事ならば、自分が嫌いも自己否定の強さもプラスにはたらきます。**業務改善やコンサルティングで大いに力を発揮するからです。

仕事の場合、利益を出すために「課題」を発見し、修正します。悪い部分を見つけて、その部分を修正・交換するのが業務改善やコンサルティングの基本です。

自分が嫌いで自己否定の強い人は、悪い部分を見つけるのが得意。「あれがダメ、ここもダメ」と、次々に課題を見つけて修正します。また自己否定が強いからこそ、要求水準も高く、いくら修正しても、ここは良くなったけどここがまだダメ、ここはむしろ前の方がマシだったと、いくらでもダメ出しを続けられます。

そうやって自分の仕事でダメ出しをし続ければ、成果もどんどん出ます。他人に対してのダメ出しも、あくまで「仕事のため、利益を出すため」という客観的な目的があると、他人も受け入れやすいです。特に向上心ある人なら、結果につながるダメ出しは大歓迎でしょう。

ただ、私的なことで、「あれがダメ、ここもダメ」とやるのは不毛です。自分にダメ出しを続けたら落ち込むだけだし、他人にダメ出しを続けても嫌われるだけです。**仕事なら要求水準の高さは「妥協を許さない」と長所にもなりますが、私的なことで要求水準が高いのは、救われない地獄です。**

自己否定が強いほど、お相手にハードルの高い要求をします。同時に、もしハードルの高い要求に対応できる素晴らしい人がいたとして、自己否定の強さから、そんな素晴らしい人に自分がふさわしいとも思っていない。結果、お相手の人には到底できないハードルの高い要求をし続けて、「うまくいかない、不安だ」「やっぱりダメだ」となげく現実を選びます。

このように自己否定の強い心理状態を、近年は「愛着障害」と表現することがあります。薬など、すぐ効く治療法はないとされます。そばにいる人が気長に愛情を伝え続けると徐々に改善する、かもしれないなあというくらいです。

私の経験則ですが、**自己否定を解く鍵は、過去のポジティブな経験です。**

自分の人生を振り返って、「良い経験をしたな」と思えることを振り返ります。そして、そのいい経験をする前とした後で、私や周りの何が変化したのか？　その変化を起こした「やる気」の源は何だったのか？

そんな「良い過去」を振り返ると、普段は意識していない記憶を探るので、自身の潜在意識やその奥底にある神性・仏性と呼ばれる集合的無意識にまでアクセスすることがあります。すると、自己否定が弱まり、悩みが消え自己肯定感が高まります。

同じようなことは、自身が聞き手となって、他人に「良い過去」を振り返ってもらうことでも起きます。神性・仏性とか言われてもピンとこないと思いますが、他人を見ていると、「こういうことか」と分かります。

建前 → 欲望・恐怖レベルの本音 → 神性・仏性レベルの本音

「欲望や恐怖に基づく本音を話していたと思ったら、いつの間にか感動的ないい話をしているぞ！」と驚かされるでしょう。話し手の自己否定が弱まり、悩みが消え自己肯定感が高まる、だけでなく、聞き手にもいい変化が起こります。

聞き手に「あぁ、この人って、本当は良い人だったんだ」と気づきが起こり、「知る → 愛する → 貢献する → パフォーマンスが向上する」のプロセスが動き出すからです。このプロセスの最初は、「誰か（何か）が良い人だと知ること」でしたね。

自己否定を弱め・自己肯定感を高めるために、自身や他人の過去のポジティブな経験を振り返ります。そうして少しずつ自分を好きになりながら、良縁祈願や恋活・婚活をすればより良い状態を導くことでしょう。

こ難しく聞こえたかもしれないので、**かんたんにまとめると、私的なことほど、できることをやればいいだけです。**仕事なら妥協なく要求水準を上げて成果を出すことも大事でしょう。一方、私的なことは逆に妥協し、要求水準を下げて共存する方が大切です。他人と比較して、もっと成果を上げたり急いだりする合理的な意味はありません。それでも心が暴れ出すようなら、森林豊かな神社仏閣にご参拝ください。

悪い人はなぜモテるのか？良い人はなぜモテないのか？

ちなみに、もし過去の「ネガティブな」経験を振り返るとどうなるでしょうか？

ネガティブな経験を振り返ると、潜在意識にあるトラウマが刺激されて、怒りや悲しみが増幅し、他人や神性・仏性に対する心の壁（ブロックともいう）が強くなります。怒りや悲しみがどんどん増幅すると、一部の精神的に強い人には苦しみに耐えて「魔性」と呼ばれる領域にアクセスし、願望実現力がパワーアップする方もいます。

魔性も集合的無意識で、女性、男性、特定民族、人類全体など、ある集団が持つ恨みや憎しみなどネガティブな想念の集合体です。

辛い経験なので、好んで振り返るより、否が応でも思い出すことが多いです。おすすめする道ではありませんが、世の中の成功者とか強い影響力を持つカリスマ的人物の中には、魔性を発揮する悪人が結構います。

○過去のポジティブな経験 → 希望がわく → 神性・仏性
○過去のネガティブな経験 → 絶望に沈む → 魔性

魔性を発揮する悪人は、かなりモテます。
例えば不良少年とかヤクザ屋さんはモテますけれど、心理学で説明がつきます。

なぜ悪人はモテるのか？

それは危険な人たちだからです。危険さが他人に伝わる人はモテます。

「この人は危険だな」と思う人のことを、我々はつい見てしまいます。マジマジと見るのは怖くとも、視界の端でチラチラと見たり、動向を気にしたりするでしょう。

そうやって、つい何度も見てしまったら、そのうち好きになります。すでに解説したザイオンス効果です。

【悪人を好きになるプロセス】

悪人発見 → 怖い → 警戒 → 何度も見る → 好きになる

いやいや、ちょっと危険な感じの見た目がかっこよく、また権力や暴力や経済力などを持っているから頼もしいのでは？　そんな「見た目」と「力」という一般的なモテる理由が成立するときもありますが、それだけではありません。

極端な例だと、人としての一線を越えた「死刑囚」も結構モテます。

女性だと、木嶋佳苗死刑囚。
男性だと、宅間守死刑囚（当時）。
ふたりとも死刑が確定してから結婚しています。

木嶋佳苗死刑囚は、婚活を利用した連続殺人事件で少なくとも3名以上の交際男性を殺害し、1億円以上をだまし取ったとされます。危険すぎる魔性の女です。しかし刑務所入りしてから、すでに支援者と3度の獄中結婚をしており、危険人物だとわかって、なおモテる女性です。

宅間守死刑囚は、小学校に侵入して児童の無差別大量殺人を行った、どうしようもない人物です。ところが死刑確定してから2人の女性が結婚を希望し、1人と結婚しました。殺人事件前にも、様々な犯罪をしながら4度の結婚と離婚をしており、彼もまた危険人物だとわかって、なおモテる男性です。

危険な人物がモテるのは、動物としての本能かもしれません。集団の秩序を維持するために、危なすぎて放っとけないからです。

悪人のモテる理由がおわかりいただけたなら、逆に、良い人がモテない理由もご想像できるのではないでしょうか？　そうです。安全だから見ないのです。**良い人は安全です。警戒する必要はありません。警戒する必要がないからこそ、他人は見ないし、見ない人を好きになりません。**

書いていて思いましたけど、恋愛って本当に理不尽ですよね（苦笑）。

それでも良い人になるススメ〜良い人のモテる力は「リラックス力」

ザイオンス効果がモテる仕組みなら、モテる方法は簡単です。

とにかく自分を見させればいい。ド派手な格好をする、目立つ言動をする、インスタなどSNSで積極的かつ目立つ発信をするなど。自分を無理矢理にでも見させるのです。嫌悪する人もたくさん出てきますが、**嫌悪のあまりつい何度も見てしまうならば、それ、ほぼ好きです。**だから炎上系ユーチューバーも、あざといパフォーマンスだってみんなわかっているのに、多少モテてしまいます。

偉大なことをして注目されるより、ずっとハードルが低いですよね。

現代は誰かの視界に「割り込んででも」入ろうと、多くの人が一生懸命です。人類史上もっともウザい世の中かもしれません。

「良い人なんてやってらんねー！」

いっそ悪人になって魔性にでも何にでもアクセスしてやる！　モテるし、願望実現力がパワーアップするんだよね……。

お気持ちはわかります。

私は人様に道徳を説けるような立派な人間ではありませんので、あくまで合理的に損得勘定でお伝えしますが、どちらでも選べるなら、悪い人になるより、良い人の方がお得です。より正確に言うと、あなたが不幸のどん底なら悪人になるのも合理的ですが、どん底から脱したら、良い人にシフトした方が合理的です。

良い人になるのをおすすめする理由は、「お金持ちって実は幸せじゃない問題」と根本的に同じです。お金持ちが幸せになれない理由は「人を信頼できないから」でした。悪人も同じです。悪人は人間不信が極まって魔性を発揮するのですから。

悪人は人間不信だからこそ、目に見える物理的な願望ばかり実現しようとします。お金、車、ブランド品、赤の他人がうらやむパートナーなど。結果、不満や不幸からは脱出できます。不幸になる原因の多くは物理的な不足だからです。

ところが、すでにお伝えしたように、幸せや満足が増える原因の多くは、精神的な喜びや充実です。

悪い人も幸せになれない原因は、信頼の不足。すなわち愛の不足です。

「なるほど、悪人は幸せになれない。いいよ、わかった。どうせそこまで悪い人になるつもりもないし。でも良い人もモテないんじゃないの？　だったら、良い人も幸せになれないんじゃないの?!」

結論を言うと、良い感情を味わってリラックスしていればモテます。

良い感情とは、喜び、愛、感謝、探究する、情熱をもやす、集中する、希望をもつ、満足するなど。過去の著書でも紹介している科学実験ですが、精神生理学者でフロリダ・アトランティック大学教授のロリン・マクラティ（Rollin McCraty）博士によると、人から電磁波が出ていて、本人だけでなく他人にも影響を与えます。

その影響とは、

「心電図が安定している人の電磁波は、周辺の人の脳波を安定させる」
「心電図が不安定な人の電磁波は、周辺の人の脳波に影響を与えない」

不満を感じているときは心臓のリズム（心拍）が乱れますが、感謝の気持ちに転じた途端、心臓は規則正しいリズムで動き出します。

感謝している時の心臓は強い電磁波を発して周りにも良い影響を与えます。一方、怒っている時の心臓が発する電磁波は弱いため、周りに影響を与えられません。また怒っている人を見ると周りはストレスを感じます。

モテる良い人は、心身がリラックスして感情が安定しているため、心臓から強い電磁波を発し、周りの人までリラックスして感情が安定します。

喜びや感謝などポジティブな感情でいることは、自分だけでなく、周りに良い影響を及ぼすわけですね。

モテる良い人は、「本当に」「本心から」ポジティブな感情でいます。

表向きポジティブな感情のように見せているだけでは、心臓が発する電磁波は弱いため、周りの人に良い影響を与えません。

きっと しあわせになれる！
ゴゴゴ
ゴゴゴ
ポジティブなのは わかるけど 心の中はどうなの？
神様や仏様の 力を借りて、本当に 心からポジティブになろうね

それでも、ネガティブな感情を見せて周りにストレスを与えるよりはマシです。ただ周りにストレスを与える人は、ストレスを与える迷惑な存在だからこそ、注目を集め続けてモテてしまいますが……。

ポジティブな感情でいることは、松岡修造さんばりにポジティブな言動をすることではありません。**内心・内面がポジティブ感情であれば、落ち着いた態度でも周りに良い影響を与えられます。**もちろんポジティブな言動をして何も悪くはありませんが、大事なのは心の中です。

神仏効果①
良い人と「お引き合わせ」が起こる！

神仏への祈願は、我々がポジティブな感情でいることをサポートします。

神社の森は、精神的なストレス度を下げてリラックスできる環境です。

一般の方もよくやる仏教の修行といえばお経を書き写す「写経」、声に出してお経を読む「読経」が代表的ですが、脳の扁桃体が過剰反応するのを静めます。読み書きは脳の前頭前野を活性化しますが、前頭前野がはたらくと、扁桃体の興奮が抑制されて、不安や恐怖などネガティブな感情に取り憑かれた状態を解消できるのです。

前頭前野は、脳の前方にある領域で、理性や論理的思考を担当します。理性的になれば、ありもしない不安や恐怖に取り憑かれることはなくなります。

『心配事の9割は起こらない　減らす、手放す、忘れる「禅の教え」』（三笠書房）の著者である枡野俊明住職によると、さまざまな悩みの正体は「妄想」で、この妄想をできるだけ減らすことが、人間関係を円滑にし、悩みを減らすと説かれます。

神社の森でストレスが減ってリラックスし、お経で理性がはたらき論理的になれば、おのずと「良い人」とのお引き合わせも起こりやすくなります。

先ほども申し上げましたが、神社仏閣に参拝すると、人間一般への信頼や与え合いの気持ちが高まり、同じ地域に住む人たちへの愛情が高まります。結果、人との協力関係が築きやすくなり、お引き合わせの確率も高まります。

「お引き合わせが起こるかもしれないけど、誰でもいいわけじゃない！　素敵な人と引き合わせられるの?!」

少なくとも、地雷を踏む確率は大いに下がりますよ。

神社仏閣にかかわらない状態を想像してください。

人間不信でストレスが高く緊張し、ストレスから脳の扁桃体が過剰反応して、心配する必要のないこともたくさん心配し、ネガティブな感情を余計に感じやすい状態です。

こんなネガティブで人間不信な状態の人に、好んでかかわる他者はいません。不信や疑いの目を向けられて、嫌になる人はいても、喜ぶ人はいない。それよりは、自分を信じてくれる人や理解してくれる人とかかわりたいですよね。

ただし、ネガティブで人間不信な状態の人に、あえて積極的にかかわってくる例外的な人物がいます。家族は省きますよ。悪人や詐欺師の類いです。

「この人から何かを奪ってやろう」と近づいてくる人は、その目当てのモノをあなたが持っている限り、親切な態度で近づいてきます。

厄介なことに、「この人は怪しいな」と思って何度も見ていたら、ザイオンス効果がはたらいて、かえって好きになる可能性があるのは、悪人を好きになるプロセスで解説した通りです。

神仏祈願は、悪人や詐欺師ばかり寄ってくる問題を解決します。普通に親切にしてくれる人を遠ざけなくなるからです。

ネガティブで人間不信な状態だと、普通に親切にしてくれる人を、無駄な心配や筋違いの怒りや悲しみにより遠ざけてしまいます。結果、何か魂胆や悪巧みのある人だけが粘り強く近づいてきて、その人を好きになる。

こんな人に対する余計な心の壁（ブロック）が神仏祈願でかなり減るでしょう。

ひょっとすると、「奇跡的に素敵な人が天から降ってくる」みたいな期待があったかもしれません。そうではなく、

「良い人が自分に近づいてくるのを防ぐブロック（心の壁）を解除する」
「自分が良い人を遠ざけていたブロックを解除する」
「ろくでもない人ばかりを好きにならない」

といった効果です。地味に感じられたら恐縮です。

神仏効果②
他者肯定感が高まり、良い関係が長続きする！

何度かご紹介しましたが、神社仏閣には

○人間一般への信頼が増す
○与え合いの気持ちが高まる（堅い用語で「互恵性《ごけいせい》」と言います）
○周りが良い人だと感じる

といった効果があると、大学や私の調査で分析・報告されています。
こうした**神仏効果を一言であらわすと「他者肯定感」が高まります。**
「ここがダメ」より「ここがイイ」に気づく私になる。

「え？　他者肯定感？　自己肯定感じゃなくて？」

自己肯定感という言葉、最近すっかり有名になりましたね。
自己肯定感は、自らのあり方を積極的に認められる感覚・感情です。誰かと比較することなく、自らの価値や存在意義を肯定します。自分に自信がある、ということではなく、自信があろうとなかろうと、どんな自分でも好意的に認めます。

一方、他者肯定感は、自己肯定感の説明を流用すると、他者のあり方を積極的に認められる感覚・感情です。誰かと比較することなく、他者の価値や存在意義を肯定します。何か特別な理由や根拠があって肯定する、ということではなく、ただ「その人」という存在を好意的に認めます。

人間関係は、この他者肯定感がある人同士だとうまくいきます。

以下、ヴァージニア大学心理学部の大石繁宏教授の著書『幸せを科学する』（新曜社）より研究結果を紹介します。

自己評価の方が他者評価よりも高い人は、第一印象は良いものの長期的には嫌われます。また性格評価も精神衛生も悪い結果が出ます。

この結果を私が補足すると、**自信「だけ」がある人は、新しい知り合いをつくるのは得意ですが、性格が悪く精神的に不安定なため、つくった人間関係をすぐダメにしがち**なのです。自己肯定感とも異なる感覚・感情で、他人より上とか、他人より特別などの意識があり、自己評価「だけ」が高く、他人のことは厳しく評価する人です。

また離婚率の高いアメリカにおいて、**結婚生活への満足度が高く、別れる率も低いカップル（夫婦・恋人）は、自己評価よりパートナーからの評価が高いです。**「私ってこんなもの」と思っているより、パートナーが「あなたはもっと素敵だ」と思っているカップルはうまくいくわけですね。もちろん「お互いに」です。

うまくいくカップルは「肯定的幻想」をパートナーに持っているのです。

夫婦コミュニケーションの第一人者で知られるワシントン大学のジョン・ゴットマン教授によると、夫婦関係の良好なカップルでは、批判的言葉や批判的ジェスチャーの5倍も褒め言葉や褒めるジェスチャーが交わされました。5倍未満になると、不満が強くなるとか。この結果を見たニューヨークの新聞記者は、5倍も褒めるのは陽気なアメリカの西海岸だからだ（ワシントン大学はシアトルにある）、東海岸ならそこまで褒めなくていいと思ったとか。日本の夫婦だとどうでしょうか？

自分の真の肯定的な価値を理解する人のためなら、一生懸命に尽くしたくなるのは、二千数百年前が舞台の漫画『キングダム』の時代でも同じでした。**パートナーが「あなたは自分が思うよりもっと素敵だ」と本当に思っているなら、そのもっと素敵な私になるために、人は喜んでがんばる生き物なのです。**無理矢理に褒める必要はありませんが、相手を褒められなくなったら、カップルは別れどきなのでしょう。

なお、**褒めたら図に乗るタイプは、自信家で自己評価「だけ」が高く、他人のことは簡単に認めない人です。**このタイプは、肯定的幻想や褒め合いが通じません。自分は他の多くの人たちより素晴らしいと思っているため、褒められて当たり前、周りが尽くしてくれて当たり前となりがちです。褒めてくる他人を「自分の手下」として扱うので、自己評価「だけ」高い人を褒めるのは「褒め損」です。

前述したように、このような自己評価「だけ」高い人とうまく付き合い続けるのは難しいので、どうしても必要な時だけ程々に付き合うしかなさそうです。

縁結び社寺を選ぶコツは「なりたい人たちが参拝する社寺」

「で、どこの神社仏閣（社寺）に行けばいいの？」

神社仏閣参拝がいろいろ効果的なのはわかったけど、「じゃ私は一体どこの社寺に参拝すればいいの？」と気になった人もいるでしょう。

冒頭に申し上げたのは、男性は成功者が通う神社仏閣に参拝すればいいということでした。現代の恋愛・結婚事情では、良縁祈願より収入アップが肝心だからです。女性も、収入に恵まれた男性とご縁を結びたいなら、男性の成功者が通う神社仏閣に参拝すればいいとおすすめしました。商売繁盛で有名な社寺、お金持ちが住む地域の社寺、成功した社長や芸能人が好む社寺に参拝するわけです。

具体的にどの社寺が商売繁盛で有名かはあとでご紹介しますが、以上は、あくまで俗世間的な一般論です。別の一般論もあるでしょうし、人それぞれ個別の考え方や事情もあります。そこで、ここまでお読みいただいた方には、より本質的なことをお伝えします。

どこの社寺に行けばいいか？　その答えはあなた自身が知っています。

あなたはどうなりたいのか？　どんな人生を送ると充実して幸せなのか？

このような「本当の願い」を知ることが基本です。

そして「本当の願い」を知る鍵は、あなたの過去の記憶、過去の感覚・感情の中にあります。

「幸せの原体験」を思い出してください。

あなたの人生の中で、最も充実して幸せだった時はいつでしょうか？　あくまであなたの中で最も良かった時です。その時は誰といて、何をして、どこにいて、どんな風に過ごしていたでしょうか。

私だと、会社や大学院で体験した寮生活でして、わちゃわちゃ雑多にフラットに遊んで生活していた時が最も充実して幸せでした。なので、私の人生目標として、いま48歳ですが、50代後半頃から、もう一度「集団生活」をしたいと目論んでいます。

おっと、私の願いは脱線でしたね。人の将来ビジョンは、過去のあの日々のような体験を再びしたい、がよくあるとご理解ください。

どこの社寺に行けばいいか？

その答えはあなたの中にあります！

幸せの原体験を思い出してください
あなたはどこで何をしていましたか？

わからないという人はあんな風になりたい！という人が通う社寺があなたが行くといい縁結びの社寺です

ご自身の幸せの原体験はいかがでしたか？
幼少の頃の思い出の場合も多いですね。

「自分で考えてもどうもよくわからない」という場合は、「あんな風になりたい！」と思える人たちを思い浮かべてください。単純に「うらやましい！」ってことです。その「うらやましい人（たち）」は、年下でも年上でもいいです。いくら年齢差があっても構いません。

あなたが「お手本」にしたくなるような、「私もこの人たちのようになれたら」と思える人たちはいますか？

そのお手本にしたい人たちが通う社寺こそ、あなたが充実した幸せな生活を送るための縁結び社寺です。

例えば、**典型的な幸せ家族をつくりたいなら、七五三や初参りのご家族がよく来る**

神社がおすすめです。うがった見方をするなら、「大手の神社なら七五三参りはどこでもたくさん来る」「幸せそうに見えても、うまくいっているかわからない」と疑うこともできます。より詳細を確認したければ、絵馬をご覧になってください。

絵馬の願いを見ると「良い人たちばかりが参拝しているな」と思える神社があります。そういう所は、良縁祈願の神社としておすすめです。ただ「良い人か」は主観です。参拝者の良い人度が高いかどうか、あなたの感覚で直接ご判断ください。

参拝の裏技

誰と参拝するかも大事
～あなたは誰と共にいたい？

ひとりで参拝して、神仏と自分との1対1で、自分の素直な本音を見つけるのは根本的に大事なことです。と、同時に、自分ひとりではなかなか変われないことが、誰かの影響で大きく変わることもあります。

「どこの神社が縁結びにいいか？」と気にする方は多いですが、「誰と参拝する

か?」も重要です。

どこの社寺でもいいので、あなたがなりたい人と一緒にご参拝ください。

「こんな人(たち)と共にいたい!」と思える人でもいいです。

たまには、どこに行くかより、誰と行くかにこだわってみるのです。

もし「こんな人(たち)になりたい!」という特定のお手本がいらっしゃるなら、お手本の人たちの社寺参拝に同行できれば一番いいですね。

「うーん、あんな風になりたいって思える素敵な人たちはいるけど、神社とか興味なさそう」

初詣や子供の節目の時に参拝する程度という人もたくさんいます。

お寺派の人は、神社に関心が薄い人も多いですね。

そんな時は、**自分が好む社寺参拝にお手本の人たちを「付き合わせる」のもあり**です。「どこどこの神社(お寺)に参拝するのですが、一緒に行きませんか?」と可能ならお誘いしてください。宗教上の理由で神社に行けない人やろくに面識のない人を誘ってはいけませんので、無理なく誘える関係の人にしてください。

あまり神社に参拝していない人ほど、たまに参拝すると、大きな変化が起こるので、おもしろがってくれるでしょう。お寺だと外面的な変化は起こりにくいですが、それは仏教が基本的に欲から離れて内面の変化を目指すからです。神社だと、神道の神話は最初に男女の神々のセックスから始まり、神様も当たり前に欲望を満たします。仏教でも、豊川稲荷など欲望を満たすのを支援するお寺が例外的にあります。

話を戻すと、誰と行くかで、社寺の雰囲気も変わります。社寺に変わりはないのですが、誰と行くかで私たちの受け取り方が変わるのでしょう。そんなちょっとした違いに気づくと、参拝がますますおもしろくなりますよ！

「出会い」を求めるときは大きな神社へ！多くの人の中からマッチング

昨今マッチングアプリが流行していますが、登録人数が多いほど、うまくマッチする確率が高まりますよね。
縁結び神社も同じようなものです。**たくさんの人が参拝する神社ほど、ご縁を探す対象の人数も多くなります。**なので、良縁祈願をするなら、とりあえず大きな神社に行くとよいでしょう。

お寺は個人の精神的な覚醒「悟り」を目的とするので、特に規模は関係ありません。大きな寺は観光施設としては魅力的ですが、基本、自分の内面と向き合うための場所です。一方、神社は社会のためのもの。共同体の維持・発展のための仕組みですから、多くの人の参加が前提です。

お寺はひとりになる場所、神社はみんなといる場所、というイメージです。

出会いを求めるなら、みんなのいる場所に行くのが自然ですね。そして、みんなの人数が多くなるほど、出会いやすくなるでしょう。

恋愛や結婚に限らず、仕事や友達など縁結び全般を求めるなら、ご自身が住む都道

府県の一宮《いちのみや》に参拝するのが定番に思います。それぞれの都道府県には、一宮と呼ばれる地域を代表する神社が一社から数社あります。かつて山城国や尾張国など、昔の地方行政区分における「国に一社」ありました。秋田県だけ一宮はありませんが……(出羽国＝秋田県＋山形県のためで、山形県に一宮がある)。

一宮でなくとも、大手の神社は出会いを求めるのにピッタリです。例えば東京原宿の明治神宮も、一宮ではありませんが、初詣客の人数は全国ナンバーワンです。そこまで有名じゃなくとも、**いちばん近所の神社でちょっと大きな所に行くくらいでもいいと思います。**もちろん気合を入れて初詣客の人数ランキング上位の神社に参拝するのも良いですね。

初詣の参拝者数が多い神社をざっとリストアップすると、

○明治神宮(東京都渋谷区)
○伏見稲荷大社(京都府京都市)
○鶴岡八幡宮(神奈川県鎌倉市)
○住吉大社(大阪府大阪市)

○武蔵一宮氷川神社（埼玉県さいたま市）
○太宰府天満宮（福岡県太宰府市）
○宮地嶽神社（福岡県福津市）
○生田神社（兵庫県神戸市）
○湊川神社（兵庫県神戸市）
○橿原神宮（奈良県橿原市）

右の11社中、一宮は住吉大社、武蔵一宮氷川神社の二社だけと、意外に少ないですね。神社の人気も時代と共にどんどん変わる、ということですね。

黒魔術①
「出会い」を求めるなら左回り、「仲を深める」なら右回り

さて、気になっていた方もいるでしょう「黒魔術」についてです。

普通に参拝するのではなく、「縁結びの呪術」をかけるのです。良縁祈願だけでなく、商売繁盛にも応用できます。

術の基本は、私の過去の著書をお読みの方なら、おなじみです。

簡単に図にしました。

神社の拝殿・本殿には、たまに裏に回れるところがありますが、この裏回りで使える術です。出会いを広く募りたい時は、左回り（反時計回り）で、特定の人との仲を深めたい時は右回り（時計回り）で裏回りします。

裏に回れない神社では、ご神木の周りを回るとよいでしょう。

ふたや蛇口の開け閉めを思い出してください。

無意識にやっていると思いますが、開けるときは左回り、閉めるときは右回りです。出会い

縁結びの呪術

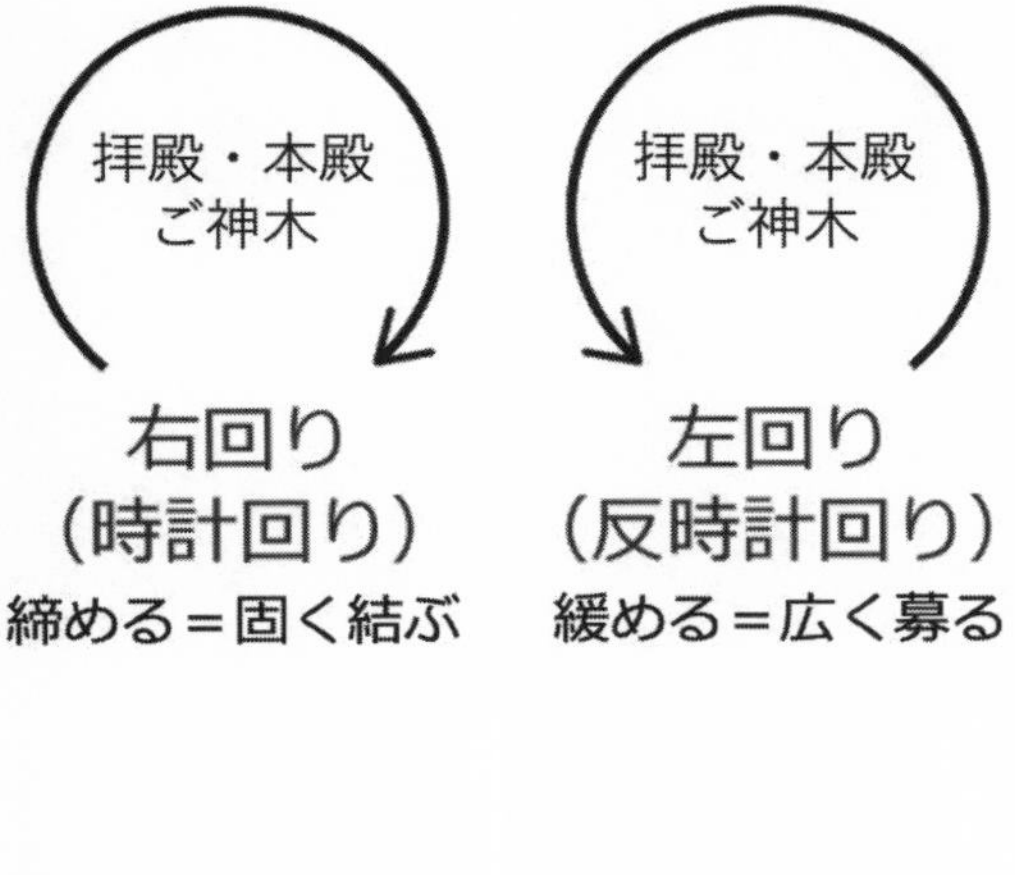

を求めるときは自分を世界に開き、恋人と結婚したいなど特定のお相手との仲を深めるときはその人との仲を閉めます（クロージング）。

お相手がいる場合はその人をイメージしながら右回りするとよいでしょう。

マーケティングで、店舗の動線（人の動き）は、左回りにするのが基本だと、よくいわれます。**店舗の動線を左回りにする方が、右回りにした場合に比べて売上が伸びる傾向があるとされるからです。**スーパーやコンビニなど、そのように設計されているとよく推測されています。入口からお客様が左に回って店舗内を動くようにレイアウトしているわけですね。

だから**縁結びの呪術も、お客様にたくさん来て欲しいときは、左回りで世間との境界線を緩めて、どんどんこちら側に入ってきていただきます。出会いを求めるときだけでなく、商売繁盛にも活用できますね。**

ちなみに運動場・陸上競技場のトラックも左回りですが、心臓への負担が軽く、また人間の自然な動きに合っているようです。

「じゃ、なんでも左回りでいいじゃない！」

それがそうでもないのです。たとえば東京ディズニーランドや東京ディズニーシーは、右回りで移動するよう誘導されています。

自然と人は左回りしがちですが、あえてお客様が歩きにくい右回りに誘導することで、店舗での滞留時間を延ばして売上増を狙う戦略です。長く滞在させることで、お客様一人当たりの購入金額を増やす狙いですね。

○左回り：たくさん人が来る
○右回り：人を長くその場に居させる

ちなみにお化け屋敷も右回りの動線がよく採用されています。入場者に対して、自然と異なる動きをさせることで、「違和感」を無意識に感じさせるためのようです。違和感を感じると恐怖心が増すので、お化け屋敷としては良いということです。

特定のお相手がいる場合、お相手が自分のもとに長く滞在して欲しいですよね。長く滞在してくれるように右回りの呪術をかけて、結婚や同棲、本命の恋人になるよう

祈願するのです。なお、親しくも近しくもない人に右回りの呪術はかかりません。恋人と結婚したいとか、あいまいな関係をはっきりさせたいときに向いています。

自然な左回りは白魔術、違和感の出る右回りは黒魔術です。

右回りは不自然な動きですが、頭を使って自然に抵抗する人間らしい工夫ともいえます。お相手の希望と十分に一致するとは限らないし、不自然なことを起こす意図があるので「黒魔術」です。

「え？　黒魔術？　不自然？」と思うかもしれませんが、恋愛や結婚自体が、かなり不自然な行為です。「告白」とか「プロポーズ」とか「親への挨拶」とか「初めての性的行為」とか、かなり緊張することをする時点で、不自然です。自然に任せたら、結婚でも仕事でも、契約という行為自体が存在しません。

が、**人間社会は契約という名の黒魔術を使って人を縛ります。**契約がからむ場合は、違和感のあることを実行させる黒魔術も活躍します。

黒魔術②

片想いの相手を思い浮かべて参道を歩くと「進展」する

親しくも近しくもない人に右回りの呪術はかからないと申し上げましたが、ではそんな「完全片想い」の相手と良縁を結ぶことは可能でしょうか？　可能かどうか、自分の潜在意識や無意識が教えてくれます。

社寺での参拝方法はすでにお伝えした方法が基本です。

○門や鳥居の手前で相談したい内容を決める。

内容は短くひとこと・ふたことで。この時、片想いの相手のお顔をイメージしてください。

(例)○○さんとお付き合いしたいです。

(例)お別れした○○さんのことが忘れられず、どうしたらいいですか？

○参道で自分の本心を確認する。

相談内容を心の中で宣言してから門・鳥居をくぐると、参道で相談内容の回答が心の中に浮かび上がります。それがご自身の本心です。

(例)〇〇さんと復縁したい。

本心を確認したら、神前ないし仏前で祈るときに、その本心を心の中でお伝えください。あとはその本心に基づいて、およそ3日以内に事態が動きます。早ければ参拝中に何かが起こります。

動き方は色々ですが、単に待っていればいいわけではありません。仮にご自身のお心に「こうしてみようか」とアイデアが浮かんだら、それを思い切って実行してみましょう。自分の動きも事態を動かします。

これで無理そうな願いが叶うのかと期待されそうですが、結果的に自分の心の中の整理が中心です。縁結び系はお互いの願いや状況が一致するときにマッチングするので、もし無理めの人と縁結びしたいなら、ふたりがくっついても「ありえるよね」と思える状況をつくることが先決です。

なので**進展の多くは「自分の中で自然と忘れられる」といったものです。**忘れられようと思っても忘れられなくて、執着もする。そんなちょっと不自然な状態が、自然の流れに戻る何かが起こります。ないし、自分で起こします。

すごく遠い有名人と会いたいと願ったら、その人とよく仕事をしている人と会うなどのニアピン現象が起こることもあります。

もし黒魔術をやるなら、前向きにやってみてください。

こういう黒魔術系を紹介すると、「どうせダメだ」と証明するために実行する人がいます。「ほら、私にはダメだっただろう！」と被害者になって誰かを責めたくて実行する人が、意外にたくさんいるのです。それも黒魔術の一種ですが、誰も得しない、みんな損する呪いの黒魔術です。

神仏を通して自分の本心と素直に向き合えば、自分の幸せ増大や不幸減少に必ずつながります。

白魔術

失恋など落ち込んだときにオススメ！足裏・手のひら呼吸法

白魔術もご紹介します。失恋などで落ち込んだときにオススメの参拝法です。**参道を歩くだけで邪気を落とす「足裏呼吸法」、木とエネルギーを与え合う「手のひら呼吸法」のご紹介です。**

社寺の醍醐味といえば、やはり自然に触れることでしょう。近年は、日常で自然に触れる機会はずいぶんと減りました。神社は、海の岬や山の上といった、自然の端に建てられることが多く、そうした神社における神とは自然そのものです（神社の神とは、自然神とご先祖さまの2本柱です）。

足裏呼吸法は、左足裏で吸って、右足裏で吐きます。

左足裏から吸ったエネルギーを、へその指2本下（丹田）まで上げて、右太ももから下ろして右足裏で吐きます。このように足裏で呼吸するように、大地と丹田の間でエネルギーを循環させます。そうすると身体にたまった邪気が大地に放出され、浄化された状態でエネルギーが身体に戻ります。

足裏は邪気が放出される場所と考えられています。だから足裏を人に向けるのは失礼にあたるわけですね。

足裏呼吸法は、社寺の参道や自然豊かな森林や公園で実施してください。お家に庭がある人は、裸足になって土に足裏を触れてやってみるのも良いですね。

玉砂利《たまじゃり》が敷きつめられた参道を、ただ歩くのも邪気落としになります。伊勢神宮や明治神宮など、大きな神社の多くでは玉砂利と呼ばれる丸い小石が参道にあります。「なんだか歩きにくいのに、なぜ？」と思う方もいるでしょう。

玉砂利の字を分解すると、「玉」は「美しい魂＝みたま（御魂・御霊）」、「砂利」は「細かい石＝細石《さざれいし》」からきています。

玉砂利を参道に敷くことは、参拝する人々の魂を美しく清浄にする白魔術です。また参道を歩くときに鳴る「ジャリっ、ジャリっ」という音が、お祓いになるとも考

足裏呼吸法
左足裏で吸ったエネルギーをへその指2本下（丹田）まで上げて右太ももから下して右足裏で吐きます
大地と丹田の間でエネルギーを循環させるのがポイント
丹田
大地

えられます。頭上で鈴の音を鳴らすことを鈴祓いというように、足下でジャリジャリ鳴らすこともお祓いと考えるわけですね。

手のひら呼吸法は、ご神木や岩とのコミュニケーション法です。

社寺にある木や岩にペタペタと直接さわる人がいますが、私はおすすめしていません。正確にいうと、さわることがマナー違反にならないならさわってもいいのですが**「パワーをいただく」という発想をやめることです。パワーはいただけません。しかし、「パワーを循環させる」ことは可能です。**

手のひらで木や岩とパワーを循環させる

手のひら呼吸法
手のひらで木や岩と
パワーを循環させる
左手で受け取り
右手で与える
木や岩と
手のひらの間は
少し間隔を
空けるのが
ポイント

場合、左手で受け取り、右手で与えます。この時、木や岩と手のひらの間は少し間隔を空けます。木・岩によって間隔の長さは異なるのでいちがいには言えませんが、40〜50センチ程度でしょうか。軽くなら直接触れてもいいです。

足裏呼吸法も手のひら呼吸法も、基本姿勢は「自然との与え合い」です。

一方的にもらおう・奪おうという発想だと、自然とのエネルギー交換はうまくいきません。あくまでお互いに、という姿勢でいることで自分も自然の一部になります。**自然からもらおう・奪おうの思いでいると、自然の一部とみなされないため、自然の恵《めぐみ》や理《ことわり》からも分離してしまいます。**

循環する姿勢を見せることで、自然から仲間と認識されます。人間みたいに「お前は仲間だ」と意図的に認められるのでは無く、所定の利用をすれば自動で反応するシステムみたいなものです。**その人がどんな人であろうと、どんな悪人や罪人であろうと、循環の姿勢を見せれば自然の仲間です。**

神仏と心理学コラム

運命の相手は自分の中にいる

「運命の相手はいますか？　いたら、いいな……。いや、いる！」

そんな思いを抱く人も多いようです。魂の片割れのような考え方に、憧れやロマンを感じますよね。運命の相手や魂の片割れとは、一体どんな存在なのか、ユング心理学を使ってひも解いてみましょう。

男性の潜在意識の奥底にある「集合的無意識」には、心理的な女性像があります。
女性の潜在意識の奥底にある「集合的無意識」には、心理的な男性像があります。

簡単に言ってしまうと、男の奥底には女がいて、女の奥底には男がいます。

男性に潜在する女性像をアニマと言い、ラテン語で「魂」（生命）を意味します。情熱、怒り、空想、遊びなどの性質も表します。

女性に潜在する男性像をアニムスと言い、ラテン語で「知性」を意味します。理性、権威、自信、主張などの性質も表しています。

このアニマ・アニムスこそ、自分の中にいる運命の相手です。

男性にとっての運命の女アニマと、女性にとっての運命の男アニムスです。

ユングは、心の中のアニマ・アニムスを育てることで、自分の願望や理想が実現し、人格を成長させることができると考えました。男性は心の中の女性を育て、女性は心の中の男性を育て、女らしさと男らしさの両方を備えようという提案です。

モテる裏技ですが、**男性が成熟した女性性（アニマ）を身につけると、女性はその男性の女らしさにひかれます。そして女性が成熟した男性性（アニムス）を身につけると、男性はその女性の男らしさにひかれます。**男性が男らしい男性に魅力を感じ、女性が女らしい女性に魅力を感じるのと同じことです。

第3章

恋も仕事もうまくいく最高の神仏はここにいる！

ご縁ある土地の神仏を大事にする／産土神、鎮守、氏神

本章では縁結びを特に応援してくださる神仏をご紹介します。神仏にも得意分野があるので、どんなご縁が結ばれやすいか参考にしてください。

まず全ての人に共通する大事な神様についてお伝えします。産土神《うぶすながみ》と鎮守神《ちんじゅがみ》です。

産土ないし産土神とは

生まれた土地の守護神。産土神を祀る神社を産土神社といいます。

「うぶすな」の語源については諸説あり、例えば妊婦さんが産小屋で立ち産をしたとき、赤ちゃんに付着した砂という説があります。

「産土神は、生まれてから死ぬまで、一生その人に伴走してくれる」と私はある人から教わりました。

鎮守ないし鎮守神とは

一定区域の土地や場所の守護神。あなたの町の鎮守だけでなく、関東全域や日本全体といった広域の鎮守、あるいは城、寺、個人宅の鎮守もいらっしゃいます。

要するに、過去や今ご縁のある土地・場所を守る神仏が大事です。

「引っ越し」「赴任」「新入学」など、これからご縁ができる土地・場所があるなら、真っ先に挨拶に行き、付近の大きめの神社で1度は御祈祷されるといいです。

御祈祷とは、神職さんが執り行う神様に祈りを伝える儀式のことで、御祈願、正式参拝、昇殿参拝など呼び方は神社によります。社務所で一定の金額（おおむね5千円以上）を包んでお申し込みが必要です。

その理由はすでに何度か触れていますが、

「知る → 愛する → 貢献する → パフォーマンスが向上する」

このプロセスを動かすためです。そのスタートは、誰か（何か）が良い人だと知ることですが、一般的に誰を知るのが一番良いでしょうか？

それは今までかかわってきた人たちです。

今かかわる人が良い人だと知り、過去に関わった人が良い人だと知ります。

「今かかわっている人の良い所を知って、愛して、パフォーマンスが上がるのはわかるけど、過去にかかわった人を知って今さら何か意味があるの？」

はい、大事なことです。たとえば故人の墓に参拝し、その故人の想いを受け継ぐことで、あるいは受け継いだような気になることで、意欲が向上し、パフォーマンスも上がることがあります。

夫婦や仲の深まってきたカップルが、お互いの家族のお墓参りをすることもふたりの絆を深めます。お互いの産土神社に参拝するのも良いですね。

お相手のお墓や産土神社に参拝すると、お相手の親族や子供時代の友人知人が良い人だと知り、愛し、その人たちに貢献したい意欲が高まるからです。

一般論ですが、カップルを長続きさせるやり方に、お互いの友人・親族と知り合う手があります。お互いの親密な人間関係を混ぜ合わせるのです。そうすると、ふたりを別れさせまいと、「共通の」友人らが間に入ってフォローするようになるため、長続きする傾向があります。結婚式および結婚披露宴は、お互いの人間関係を混ぜて別れにくくさせる意図もあったわけですね。

逆に言えば、長く付き合うつもりがなければ、自分の人間関係にお相手を入らせず、お相手の人間関係にも入らないことです。もちろん、お互いの家のお墓参りも避け、過去ご縁の深かった土地の神社にも参拝しません。


補足ですが、**産土神様も鎮守様も、氏神様と呼ばれることがあります。**

氏神とは本来、古代社会で氏を名乗る氏族（例：藤原氏、秦氏）が祀った祖先神または守護神のことです。ただ氏神を祀る集団が血縁関係から地縁関係に変化したことで、産土神や鎮守神と混同されるようになりました。

未来にご縁を得たい土地に挨拶する／土地の精霊

「ここに住みたい」「ここで働きたい」「ここから仕事を依頼されたい」

もし未来にご縁を得たい土地があるなら、そこの神仏に挨拶されるとよいです。

「沖縄で初めて初詣をしたら、沖縄から初めて仕事のオファーが来たんです！」
「代々木の神社によく参拝するけど、代々木の会社から仕事が来るようになった」
このように何かしらご縁ができるものです。

良縁祈願であれば、住みたい場所に参拝するのもおすすめです。**例えば、いずれ東京赤坂に住みたいなら、赤坂の神社で良縁祈願するなど。やはり1度は御祈祷されるといいです。**可能なら、共に住みたい人や、その土地とご縁のある人と一緒に参拝してください。

これからお世話になる土地での初めての御祈祷が「これからよろしくお願いします」の挨拶だとするなら、未来にお世話になりたい土地での初めての御祈祷は「私はここに住みたいです」とアピールする面接みたいなものです。もし進展するなら、数日以内に関係する変化が起こるでしょう。

神社参拝だけでなく、新たにご縁を得たい土地全体に挨拶して回るとよいです。お寺があればお寺にもお参りします。また、どんな人が住んでいるのか、散歩しながら街全体をボーッと観察します。なんとなくの空気感を感じてみるのです。

公園があれば、ベンチにでも座ってしばらく時間をつぶしてみましょう。**公園は、社寺のような効果が少しある**場所なので、街歩きで見かけたらお立ち寄りください。**公園は緑豊かな所が多いので、神仏は祀られていなくとも、精霊でもいるのでしょう。**そうして土地全体の雰囲気を感じ、土地に棲む精霊たちに挨拶します。

もちろん、今お住まいの土地でも、たまに公園など土地全体に挨拶回りするとよいでしょう。

ポイントは、あくまで自分がご縁を得たい土地を第一に神社選びをすること。有名な神社に参拝すればいい、わけではありません。**近所の人しか参拝しないような、そ**

公園には社寺のような効果が少しあります
精霊がいるのかもしれませんね
○○公園

の土地の神社に参拝するのです。

過去と現在の土地のご縁を土台に、ときには未来にご縁を得たい土地の神社にもご参拝されるとよいでしょう。

地域を見守る道端のお地蔵様に手を合わせよう／地蔵菩薩

もしご近所にお地蔵様がいらっしゃれば、たまにご挨拶に行かれてください。

お地蔵様とは地蔵菩薩のこと。お釈迦様が入滅（死去）してから、56億7千万年後に悟りを開く弥勒菩薩があらわれるまでの間、人々を救う仏様です。

今を生きる人に一番頼りになる仏様がお地蔵様です。

お地蔵様は立派な寺院だけでなく、日本国内の道端のいたる所にいらっしゃいます。しかし、道端のお地蔵様は地図にのってないので、私はたまたまお見かけすれば手を合わせています。京都市内だけでも約5千あるとか。地道にお地蔵様マップをグーグルに作られている人が、東京や京都など一部地域にいらっしゃいますので場所を確認されたい人は検索してみてください。

お地蔵様には次のように参拝します。

○両手を合わせ、膝を折り（軽く折り曲げる程度でよい）

↓

○「おん　かかか　びさんまえい　そわか」と真言を奇数回唱える（3回、7回）。

※「おん　かかかび　さんまえい　そわか」と唱える方もいます。

「おん」は「帰命、供養」で、神聖な言葉の最初に付けられます。

「か」はお地蔵様。「かかか」で「お地蔵様、お地蔵様、お地蔵様」と呼びます。

※「呵呵呵」と解釈して笑い声だと説明する人もいます。

「びさんまえい」は「類いまれなる尊いお方」とお地蔵様を賛美します。

「そわか」は神聖な言葉の最後に付けて、成就を願う気持ちを表します。

お地蔵様は苦しみから人を救い、子供を助けるといいます。風のうわさに聞いた程度に受け取って欲しいのですが、**近所のお地蔵様に手を合わせると、お地蔵様が見回りに来てくださいます。**あくまで風のうわさなので真に受けられなくともよいですが、私はふわっと信じています。

＼ゼロから新たな出会いをサポートする／
造化三神

東京に良縁祈願で女性に人気の神社があります。東京大神宮です。明治13年創建と比較的新しい神社で、大隈重信邸跡の皇大神宮遙拝殿が起源です。伊勢神宮内宮を、遠く東京から参拝するための神社でした。

縁結びで有名になったのは、皇太子嘉仁親王（のちの大正天皇）の結婚式が宮中で行われたのを記念して、神前結婚式（神前式）を創始してからです。

個人的に好きな神社で私も仕事のご縁をつないでもらっていますが、「良縁祈願で参拝するには年頃の女性に偏りすぎでは……」と思っていました。家族連れの参拝客が多い社寺が、こと良縁祈願では私のおすすめだからです。

しかし、参拝された方の感想を色々教えてもらうと、
「人生で初めての彼氏ができました」というのをよく聞きました。
それでピンときたのです。東京大神宮はご祭神に

○天之御中主神《あめのみなかぬしのかみ》
○高御産巣日神《たかみむすびのかみ》
○神産巣日神《かみむすびのかみ》

の造化三神《ぞうかさんしん》が全ていらっしゃる貴重な神社だなと。造化三神といえばこの宇宙の始まりの神とされます。天之御中主神という空っぽの宇宙が突然あらわれ、「産巣日《むすび》」で、何かが産まれ、生成したという考え方です。

要するに、**無から有になり、0が1に変化するはたらきです。**

良縁祈願でいえば、**恋人という存在が無い世界から有る世界に変わります。**

「恋愛にはぜんぜんご縁が無くて……（でもご縁が欲しい！）」という方には、東京大神

宮など造化三神を全てお祀りする神社はおすすめです。

ただ、造化三神を全てお祀りする神社は大変少ないです。そんな希少な神社を左記にご紹介します。※お祀りする全ての神社・寺院のご紹介はしきれません。

造化三神を全てお祀りする神社

○人見神社（千葉県君津市人見892）
○東京大神宮（東京都千代田区富士見2丁目4－1）
○四柱《よはしら》神社（長野県松本市大手3丁目3－20）
○サムハラ神社（大阪府大阪市西区立売堀2丁目5－26）
○サムハラ神社奥の宮（岡山県津山市加茂町中原900－3）

運命の人と出会いたい！ 女性の元型／イザナミ

女神イザナミといえば、日本列島と主要な日本の神々を産んだ日本の母神です。

日本神話の冒頭、女神イザナミと男神イザナギが性行為をして、日本列島や神々を産むのが神話「国産み」です。

2章のコラムで、男女の潜在意識の奥底にある心理的な女性像・男性像についてご紹介しました。**女神イザナミは、男性の潜在意識の奥底にある心理的な女性像です。**ユング心理学の用語でアニマと言いますが、日本人男性にとっての「女性の元型」「ザ・女神」がイザナミです。

同じくコラムに書きましたが、モテる裏技で、男性は成熟した女性性（アニマ）を身につけ、女性は成熟した男性性（アニムス）を身につけるとよいと解説しました。**「モテる裏技：男性は女らしく、女性は男らしく」**ということです。

男性はイザナミさまに参拝すると、心の中のアニマ（女性性）が育って、もっと「いい男」になるよう促されます。**日本男性の運命の女こそイザナミさまなのです。**

裏を返すと、イザナミさまのような女性になると日本男性にモテるわけですが、ではイザナミさまとはどんな女性像なのでしょうか？

イザナミさまの神話での行動を時系列にまとめてみました。

○男神と出会って伴侶になり、すぐ性行為をする
○日本列島や神々を産み、火の神の出産時に火傷が元で死亡する
○別れたくないと死後の世界まで追いかけてきた伴侶の男神を、じらす
○伴侶の男神が約束を破ったら、恥をかかせたと激怒する
○怖くなって逃げる伴侶の男神を、徹底的に追いかける
○ゾンビ千体を率いて、伴侶の男神を本気で殺そうとする
○「いとしい人よ、あなたがこんなことをするのなら、あなたの国の人を一日千人、殺しましょう」と伴侶の男神に言い、人は毎日死ぬようになった
○死後の世界である黄泉国《よみのくに》の神になり、死を担当・支配する

まとめると「エッチでパワフルで怒ると本当の殺気を出す」。
男性にとって女性は、生の象徴であると共に死の象徴です。

「運命の相手」というと、女性にとっては「私を幸せにしてくれる素敵な男性」と一

般にイメージされますが、男性にとっては「私を破滅させる魔性の女」です。これは世界的にそうで、男性にとって運命の女性を「ファム・ファタール」と言いますが、ファム・ファタールの代表例は、王からの褒美に洗礼者ヨハネの首を求めて殺したサロメや、王の寵愛を受けた妃で酒池肉林を本当につくるなど贅沢をして国を滅ぼす原因になった妲己《だっき》など。みな男性を破滅させた女性です。

女性の発想が「運命の人（男）となら幸せになれる」だとするなら、男性の発想は「運命の人（女）となら不幸になれる」です。

相手も同じ発想に違いないと思いがちですが、実は男女で真逆です。

例えば結婚した途端、急に会社を辞めて独立するなど夢を追いかける男性がいます。一緒に不幸になってくれる（苦労してくれる）運命の女性があらわれたと思って、安心して不幸になろうとするのです。放っとくと本当に不幸になるので、そうなりたくない妻は必死になって不幸脱出ルートを探すことになるのはよくあるパターンです。もっともイザナミ的女性なら、これ幸いとそんな男性を「どうせお前ヒマだろう」と自分の下働きにこき使いそうです。

破滅を男性に感じさせるイザナミ的女性（ファム・ファタール）はモテますが、モテる理由は「悪い人はなぜモテるのか？」で解説した通り、「この人は危険だな」と思う人のことを、我々はつい本能的に何度も見てしまうからです。

ただ、アニマには否定的なアニマと肯定的なアニマがあります。ファム・ファタールが否定的アニマならば、肯定的アニマは理想の女性像で生命力や創造性の源です。女神イザナミも、肯定的アニマと否定的アニマの両方を兼ね備えます。

女神イザナミのサポートにより、男性は自分の中の女らしさ（慈愛、癒し、スピリチュアリアルな叡智など）を育てることで願望実現と人格成長が起こり、女性はそんな女らしさを備えた男性と運命的に引き合います。

イザナミをお祀りする神社

○十二社熊野神社（東京都新宿区西新宿2丁目11－2）
○花窟《はなのいわや》神社（三重県熊野市有馬町上地130）
○神魂《かもす》神社（島根県松江市大庭町563）

○伊射奈美神社《いざなみ》（徳島県美馬市美馬町字中鳥589）
○波上宮《なみのうえぐう》（沖縄県那覇市若狭1丁目25－11）

運命の人と出会いたい！
男性の元型／大国主あるいは大黒天

女神イザナミの次は、その伴侶で「男性の元型／男神イザナギ」をご紹介したいところですが、しません。なぜなら神話の作者は男性のため、男性の潜在意識の奥底にある心理的な女性像アニマは描けますが、その逆は無理です。

女性の潜在意識の奥底にある心理的な男性像アニムスを、男性では描けません。日本男性の運命の女イザナミはいても、日本女性の運命の男イザナギはいないのです。もし運命の男神が必要だというなら、女性作家や女性宗教家が男性像アニムスを描いて、男神を創造するところから始めることになります。

今のところ最も「男性の元型＝男神」に近いのは、紫式部が描く『源氏物語』の主人公・光源氏でしょうか。

源氏物語ゆかりの神社といえば、縁結び神社で大人気の野宮《ののみや》神社。京都の観光地・嵐山の神社です。源氏物語・賢木《さかき》の巻で、光源氏との結婚を諦めた六条御息所《ろくじょうのみやすどころ》が、娘の斎宮と共に伊勢へ下ることを決意。紫の上と結婚した源氏が、秋の野宮を訪れて別れを惜しむ、という名場面があります。

野宮神社が縁結び神社として優れていると私が思う理由はふたつあります。

ひとつは、野宮神社が元々、恋愛・結婚とは無縁な女性の場所だったから。天皇の代理で伊勢神宮に仕える皇族の女性・斎王《さいおう》が、伊勢へ赴任する前に身を清める潔斎《けっさい》の場所でした。かつて神様に仕える女性は、男性との性的な関わりは禁止。潔斎の場ですから酒肉も断ちます。源氏物語でも思い人との別れの場所でした。

そんな**恋愛・結婚とは真逆な場所だからこそ、縁結びのご利益が生じます。**すでに結ばれている人は、結ばれたいとは思いません。縁結びは絶対に無理な斎王の女性たちが、潔斎をして自身のネガティブ感情を祓いに祓ったからこそ、**「自分は無理だったけど、あなたたちは素敵な人と結ばれてね」と祈る縁結びの神様が誕生します。**

野宮神社が縁結び神社として優れているふたつめの理由は、大黒天《だいこくてん》を祀っていることです。**野宮神社で縁結びの神様として人気なのは野宮大黒天。**大黒天は仏教の神様なので神仏習合《しんぶつしゅうごう》です。

大黒天はヒンドゥー教最強の破壊神シヴァを仏教に取り入れた神様で、日本では伝教大師・最澄が延暦寺の台所の神様として祀ったのが最初です。それがどういうわけか出雲大社の神様・大国主《おおくにぬし》とまざって「大国主＝大黒天」と同一視されるようになったのですが、**大国主は日本一の縁結びの神様です。**

大黒天と大国主は明らかに違う神様ですが、昔の人は神々や神仏を合体させることでよりパワーアップし、ご利益も増えると考えたようです。伝教大師・最澄も、大黒天と毘沙門天と弁財天を合体させて、三面大黒天なる最強の仏神を創作しています。

大国主も光源氏もプレイボーイで多くの女性と恋愛した共通点があります。違いは初期設定です。光源氏は天皇の第2皇子で光り輝くように美しいハイブランドイケメン。一方、大国主は醜いイジメられっ子からスタートし、さまざまな試練を乗り越えて下克上で王になりました。大国主の作者は男性なので、少年マンガのヒーローのように努力と根性で成長するわけです。よって大国主もまた日本女性の運命の男とはズレます。
それでもプレイボーイ設定で女性と数多く親密に交流するので、男性のアニマ（女性性）がかなり育ちますし、アニマ（女性性）が育った男性は、女性のアニムス（男性性）を引き出します。**女らしさを出す男性と接すると、女性は男らしくなります。**

大黒天（シヴァ神）の男らしい妻である女神カーリーは破壊と殺戮《さつりく》の象徴。生首をたくさんぶらさげて舌を出し、シヴァ神を踏んづけて踊っている姿が有名です。男神イザナギは激怒した女神イザナミから逃げ出したので、自ら進んで踏んづけられる大黒天（シヴァ神）ほど女性のアニムス（男性性）を引き出す男神はいないでしょう。

「大国主＝大黒天」のサポートにより、女性は自分の中の男らしさ（強い意志や論理的に深く考える知性）を育てることで願望実現と人格成長が起こり、男性はそんな男らしさを備えた女性と運命的に引き合います。

大国主神・大黒天をお祀りする神社

○神田神社／神田明神（東京都千代田区外神田2丁目16－2）
○出雲大社相模分祠《ぶんし》（神奈川県秦野市平沢1221）

○野宮神社（京都府京都市右京区嵯峨野々宮町1）
○地主《じしゅ》神社（京都府京都市東山区清水1丁目317）
○出雲大社（島根県出雲市大社町杵築東195）

なお大黒天のお寺では、両手を合わせて真言「おん　まかきゃらや　そわか」をお唱えください。神社ならば大黒天のお社でも神社式の祈り方で問題ありません。

絶対に縁切りしたい！／崇徳天皇

ひとり思い詰めた顔をして参拝する人をよく見かける神社があります。「縁切り」で知られた神社です。

人のご縁は結ぶだけでなく、切ることを迫られるときもあります。深刻なケースもあり、大っぴらに話せないことも多いですが、縁切りを願う人は少なからずいます。

「人の縁を切るって、一体どんな神様が担当されているのだろう？」

京都市内に縁切り神社の代名詞・安井金比羅宮《やすいこんぴらぐう》があります。ご祭神を見て、納得しました。日本三大怨霊のおひとり崇徳《すとく》天皇です。父の鳥羽天皇に嫌われた不遇の天皇として知られ、鳥羽天皇が法皇となって最高権力者の時は意地悪をされ続け、鳥羽法皇が崩御した直後、鳥羽法皇に優遇された後白河天皇に戦争をしかけられて負け、讃岐国（今の香川県）へ流罪になります。天皇・上皇の配流は、およそ四百年ぶりの出来事で、二度と京の地に戻ることなく、崩御されました。そりゃ恨みますよね。

安井金比羅宮の起源は、崇徳天皇が上皇になってよく訪れていた藤寺《ふじでら》です。上皇は藤寺に寵愛していた女官を住まわせ、たびたび訪れていたのです。上皇が讃岐国で崩御すると、悲嘆にくれた女官は出家して尼になり、上皇自筆の尊影を藤寺の観音堂に奉納し、墓を築いて遺髪を埋め日夜ひたすらお経を読んだとか。その後、ある僧が参拝すると上皇の霊があらわれたことから、崇徳上皇を流罪にした後白河法皇の命で崇徳上皇を祀る寺が建立され、明治時代より安井神社になりました。

怨霊を祀る神社は、かつてひどいことをした相手を神様に祭り上げて、「どうか祟らないでください」と、怒りの心を鎮めていただくようお祈りする場所です。崇徳天皇は生前、悪意ある意地悪をされ続けました。**神様になると、生前の挫折や苦しみが**

逆転してご利益になります。怨霊なら災難を避ける厄除けや縁切りの神様として人々に頼られます。崇徳天皇は三大怨霊ですから、最強の厄除け・縁切り神でしょう。

崇徳上皇が讃岐国に配流された時に金毘羅権現（通称こんぴらさん）を信仰したことで、こんぴらさんの総本宮・金刀比羅宮《ことひらぐう》や前述の安井金比羅宮で、崇徳天皇がこんぴらさんと一緒に祀られています。

「怨霊の神社に参拝するなんて、ちょっと怖い……」

ご安心ください。崇徳天皇が恨んでいらっしゃるのは、鳥羽天皇や後白河天皇およびその一派なので、あなたを恨んではいません。

縁切り神社には行きたいけどちょっとこわい……
その神様が恨んでいるのはあなたではないのでご安心ください
悪縁を断つと運気全般が上昇するので定期的に縁切りするのが良さそうです

「崇徳天皇って普通の人間だよね。なのに神様っておかしくない？」

神道の神様は2タイプいて、自然神とご先祖さまです。自然神は太陽や月、風、土、海、山、水など自然物です。一方、ご先祖さまは普通の人間です。同じ人間の大先輩だからこそ、我々の悩みや苦しみに共感し、希望を理解してくれます。また我々の方が神様に共感し、「崇徳天皇は私みたいだ！」と神様に自分を投影したりもします。

人からの嫌がらせや人間関係のトラブルを断ち切るのに、崇徳天皇の冷気のようなエネルギーがサポートします。あなたの悪縁や大事な人が困っている悪縁を、こっそり断ち切りましょう。

悪縁を断つと、金運など運気全般上昇しますので、何もなくとも定期的に縁切りするのが良さそうです。

崇徳天皇をお祀りする神社

○虎ノ門　金刀比羅宮（東京都港区虎ノ門1丁目2－7）

○安井金比羅宮（京都府京都市東山区下弁天町70）

○白峯神宮（京都府京都市上京区飛鳥井町261）
○金刀比羅宮（香川県仲多度郡琴平町892－1）
○崇徳天皇宮（香川県香川郡直島町618）

＼愛する人と長く良い関係を築く／イワナガヒメ

「長続きの神様」といえば、貴船神社・結社の縁結びの女神で知られるイワナガヒメです。漢字表記は石長比売もしくは磐長姫で、石や岩の神様です。

最初にご紹介した通り、イワナガヒメのお姿は不吉なほどおそろしく醜いため、結婚を断られます。そして京都の貴船神社に鎮まり、縁結びの神様となりました。

くり返しになりますが、神様はご自身の挫折や苦しみが逆転してご利益になります。容姿のため結婚できなかったからこそ、イワナガヒメは良縁を結ぶ神様で、また美容の神様です。

また元々、「岩のように長く変わることのない女性」というはたらきをお持ちなので、**良いご縁や美しさ、健康が長く続くご利益です。**中高年以上になると健康祈願がメインになってきますので、ご年配の方にもぜひご縁を得てほしい女神様です。

イワナガヒメに祈願した人といえば、平安時代の著名な女流歌人・和泉式部です。多くの皇子・貴族と恋愛をし、藤原道長に「浮かれ女」、紫式部に「和歌や手紙は優美でおもしろいが、けしからん方（素行不良のような意味）」と言われた奔放な人です。

たとえば皇族との身分違いの恋愛かつダブル不倫をオープンにして世間をにぎわせて、和泉式部は親から勘当されました。その後、その皇子が死ぬと、すぐにその弟の皇子から口説かれて付き合い（やはりダブル不倫）、皇子の正妃は家出、和泉式部も夫と離婚します。ただこの皇子も兄と同じく早世し、喪に服した後、和泉式部は宮中で天皇の正室に仕えて紫式部らと宮廷サロンを築きます。30代後半になってある貴族とまた恋愛して再婚。しかしふたりの関係もぎくしゃくしたようで、夫との不仲を解消しようと貴船神社・結社に参拝しました。

その後、夫の転勤についていき、以降の和泉式部のことはよくわかりません。けしからん方もようやく落ち着かれたのかもしれませんね。

イワナガヒメには対照的な妹神コノハナサクヤヒメがいます。コノハナサクヤヒメは男神が一目惚れするほど美しく、桜の花や富士山の女神とされます。姉妹は山の神の総元締めオオヤマツミの娘のため、山の神とされることが多いのですが、イワナガヒメが祀られる山で富士山を誉めると嫉妬する、祟られるなど険悪な言い伝えがあります。たとえばイワナガヒメとされる八ヶ岳では、昔は八ヶ岳の方が富士山よりも高かったが、それに腹を立てた富士山（コノハナサクヤヒメ）が八ヶ岳（イワナガヒメ）をぶん殴り、それで八分割にされたとか、八ヶ岳山頂から富士山を見るときは富士山を誉めるなと言われています。

個人的な印象ですが、姉妹は同一の神の別側面と解釈しています。富士山は遠くから見ると美しい風景ですが、登山道は岩でゴツゴツしています。岩の神といえばイワナガヒメです。なので私は、美しく装った外見のコノハナサクヤヒメ、見えにくい内面のイワナガヒメ、二柱あわせて一体の女神と理解しています。

醜い（みにくい）の隠された意味は、見え難い（みえにくい）です。

イワナガヒメの神社に参拝すると、見えにくい人の内面や、目立たない裏方のことにも目が向くようになるでしょう。外見にとらわれない、ご縁を結ぶようになります。粘り強さや堅実さもイワナガヒメさまから受け継ぐことができそうですね。

お祀りしている神社ですが、次にご紹介する神社のうちイワナガヒメ単独で祀られているのは大室山浅間《せんげん》神社、雲見浅間神社、貴船神社・結社です。八ヶ岳の権現岳山頂直下の檜峰《ひみね》神社では八雷神《やくさのいかづちのかみ》と一緒に、糸島市の細石《さざれいし》神社では、妹神コノハナサクヤヒメと一緒に祀られています。

イワナガヒメをお祀りする神社

○檜峰神社（山梨県北杜市大泉町谷戸　権現岳山頂直下）
○大室山浅間神社（静岡県伊東市池　大室山山頂すり鉢内）
○雲見浅間神社（静岡県賀茂郡松崎町雲見３８６－２）
○貴船神社・結社（京都府京都市左京区鞍馬貴船町１８０）
○細石神社（福岡県糸島市三雲４３２）

相手を向上させる「あげにん」になる／三穂津姫

「あげまん」夫の収入アップや出世をサポートする女性

「あげちん」妻の収入アップや出世をサポートする男性

世に言うあげまん女性・あげちん男性は本当に存在するでしょうか？
逆に、さげまん・さげちんも存在するのでしょうか？
どちらも存在します。**あげる人・さげる人、その特徴は男女共通なので、言い方も「あげにん・さげにん」に統一します。**

前述しましたが、科学的に示されたうまくいくカップルは「肯定的幻想」をパートナーに持っています。結果、自己評価よりパートナーからの評価が高くなります。自己肯定感ではなく、他者肯定感を持つ人同士がうまくいくわけです。

となると**「あげにん」は他者肯定感のある人です。**
その裏の**「さげにん」は他者肯定感がなく、他者と比較して自分はかなり上だと根拠のない自信はある人です。**

男性社会の愛の法則「士は己を知る者の為に死す」を思い出してください。「自分のことを愛してくれた人のために、いい奴なら、めちゃくちゃがんばるよ」という意味でした。男女関係無く、この愛の法則は当てはまります。

あげにんは、あなたの価値を実際より高く理解します。肯定的幻想だから勘違いなのですが、そんな風に知られた・愛された人が、めちゃくちゃがんばってパフォーマンスも向上すれば、幻想は現実に変わります。

一方、**さげにんは、他者を過小評価します。否定的幻想です。**他者より自分の方が上等だ・優れているという根拠なき自信があり（根拠ある自信なら単なる事実）、とりあえず他者を下げて自分を上げる癖がついているのです。パートナーに否定的幻想を持たれたら、人はやる気が減り、パフォーマンスも落ちます。あげにんとは逆の意味で、幻想は現実に変わります。

そんな「あげにん神様」として、大国主の妃神・三穂津姫《ミホツヒメ》をご紹介します。神様界のヒーロー大国主は苦労して国づくり（国家建設）に成功した後、天上界の神々が武力をチラつかせて「お前の国を譲れ」と迫ってきたため自身の国を譲り、幽界（死後の世界）の神様になります。その際、日本書紀によると天上界の神々のトップに「地上界の妻にまだお前は心を許していないだろう。私の娘を妻とせよ」と、新たな妻・

三穂津姫を押し付けられます。

一般論でみたら、ザ・政略結婚で、三穂津姫は大国主の監視役です。大国主からしたら、国づくりを支えた妻と別れさせられて、敵方トップの娘が妻として送り込まれてきたのですから。大国主・三穂津姫夫妻のエピソードは全くなく、まるで仮面夫婦です。三穂津姫は強者側の天上界の神、大国主は弱者側の地上界の神ですから、大国主はさぞかし見下されたでしょうし、大国主も（内心は）反発したでしょう。

しかし、**三穂津姫を祀る神社は数少ないですが素晴らしい所ぞろい**。松江の美保神社、静岡の御穂神社、京都亀岡の出雲大神宮など。仲の良いご家族の参拝も多く、良縁祈願や豊かな暮らしを祈るのにピッタリです。

「あげにんになる」「あげにんとご縁全般を結ぶ」のにも最適な神社ばかりで、やはり神様はご自身の挫折や苦しみが逆転してご利益になるのだと思いました。

以下、三穂津姫（＋大国主）の逆転ご利益です。
○仮面夫婦 → 仲良し夫婦

○相手を否定的に見る　↓　相手を肯定的に見る
○望まない結婚　↓　望む結婚

大国主は、国を譲った後、幽界の神様になったとされますが、幽界は死後の世界。つまりあの世ですから、明確に書かれていませんが暗殺されたのでしょう。前の国王を生かしたままにするなんて、政治的にできませんからね。しかも、今の妻と別れさせられて、三穂津姫との結婚を押し付けられたのですから、犯人は……。

三穂津姫の逆転ご利益、追加です。
○相手を殺す　↓　相手を生かす
○滅びる　↓　繁栄する

大国主にとって三穂津姫は運命の女性ファム・ファタールかもしれませんね。

三穂津姫をお祀りする神社

○御穂神社（静岡県静岡市清水区三保１０７３）
○出雲大神宮（京都府亀岡市千歳町出雲無番地）
○村屋坐彌冨都比賣《むらやにいますみふつひめ》神社（奈良県磯城郡田原本町蔵堂４２６）
○美保神社（島根県松江市美保関町美保関６０８）
○三穂津姫社（香川県仲多度郡琴平町８９２－１　金刀比羅宮・御本宮隣）

おひとりさまでのんびり楽しく生きる／阿弥陀如来

２０２２年版「男女共同参画白書」によると、20代男性の約7割、女性の約5割が「配偶者、恋人はいない」と回答。また「これまでデートした人数」を聞いた回答では20代独身男性の約４割が０人と答えました。

独身で彼氏や彼女もいないのは、もはや「普通」なのだろうと思います。

ならば、ひとりで自由に楽しく生きるのもまた普通でしょう。

ひとりで生きるといえば仏教です。「性的なことをしない＋お金をもらって働かない」は、お釈迦さまの教えですから、**悟りを開いた仏は「究極のおひとりさま」です。**

そんな仏教において、「仏の仏」「仏の中の仏」とも言える存在が、阿弥陀如来《あみだにょらい》です。「南無阿弥陀仏」で広く一般に知られています。「南無＝帰依する」ですから、「阿弥陀如来を心身の拠り所として信仰します」という意味です。

鎌倉時代から戦国時代に、「南無阿弥陀仏」と唱えるだけで、阿弥陀仏がお救いくださり、死後、極楽浄土に行けるという教えが大流行しました。浄土宗、浄土真宗です。

「南無阿弥陀仏」と唱えることを「念仏」と言いますが、**ユーチューブで「南無阿弥陀仏」と僧侶が1時間ひたすら念仏する動画があり、エネルギーが素晴らしいです。**コメントをざっと読むと、イライラがおさまり、心落ち着く人がかなりいらっしゃる様子。朝起きない我が子に、「南無阿弥陀仏」動画を大音量で聞かせると起きるようになったとのコメントには共感しました。

私は幼少の頃、祖母の「般若心経」（こちらは南無妙法蓮華経）で毎朝起きていました。お経を聞きながらの朝の目覚めは、不快感がなく自然なのです。

「阿弥陀さまがいくら素晴らしいといっても、縁結びの仏様として紹介するのは、おかしいんじゃない？　もっと大きなはたらきをされているのでしょ？」

それがそうでもないんですよ。最も「男性の元型＝男神」に近いのは、紫式部描く源氏物語の主人公・光源氏と申し上げましたが、光源氏には有力なモデルがありました。嵯峨天皇の第十二皇子・源　融《みなもとのとおる》です。その源融のお顔を写して子孫が造らせた阿弥陀如来像が清凉寺（通称、嵯峨釈迦堂）の霊宝館にあります。

つまり、紫式部にとって絶世の美男子・光源氏のお顔は阿弥陀如来のイメージだったのです。**女性の潜在意識下にある理想の男性像は、阿弥陀如来とかなり重なる**ものがあるといえるでしょう。

そう考えると、**阿弥陀如来に帰依することは、女性の中の男らしさ（アニムス）を発達させる良き手段になりえます。**

阿弥陀如来の特徴ですが、「阿弥陀」には2つの意味があります。

アミターバとアミターユスです。

アミターバは光明無量。量りしれない無限の光（知恵や慈悲）を持つものです。

アミターユスは寿命無量。量りしれない無限の寿命を持つものです。

阿弥陀如来に時間・空間の制限や制約はありません。「なんでもあり」です。なんでも一瞬で救ってくださるというわけです。この地球上でなんでもありが可能とは申しません。ただ、**僧侶の念仏「南無阿弥陀仏」を聞き、自分で声に出して念仏すると、何か良いことが起きそうだとは申し上げます。とりあえず心が落ち着きます。**

自分で念仏するときは「なむあみだぶつ」とお唱えください。「なんまんだぶ」や「なもあみだぶつ」などもありです。宗派や僧侶により念仏の言葉は少し異なります。

浄土宗では「十念」といって、南無阿弥陀仏を10回くり返します。

始めの8回と最後の1回は「なむあみだぶ」と発音し、9回目だけ「なむあみだぶつ」と唱えます。始めの8回は一気に8回読むのでなく、半分の4回で区切ります。最後の10回目は少しゆっくり唱えます。浄土真宗では回数を数えません。

日本最古の仏像とされる善光寺の御本尊「一光三尊《いっこうさんぞん》阿弥陀如来」は絶対秘仏で、住職でも目にすることができません。7年に1度のご開帳で拝めるのは、御本尊と同じ姿につくられた前立本尊《まえだちほんぞん》のみです。

阿弥陀如来をお祀りする寺院

○深大寺（東京都調布市深大寺元町5丁目15－1）
○高徳院（神奈川県鎌倉市長谷4丁目2－28）
○善光寺（長野県長野市長野元善町491－イ）
○清凉寺（京都府京都市右京区嵯峨釈迦堂藤ノ木町46）
○平等院（京都府宇治市宇治蓮華116）

仕事とパートナーシップを両立する／愛染明王

「いやいや、独りになりたくてこの本を読んでないんだけど！」

承知しました。**縁結びの仏様といえばこのお方「愛染明王」です。**

恋愛成就や水商売を守護する仏様として人気です。

愛染《あいぜん》とは、愛欲に染まった心を指します。

「愛欲」は性欲や特定人物への執着、恋愛や結婚という行為への執着です。

そんな愛欲は、悟りの邪魔になるとして、断つべき欲望とされました。

（悟りとは？：大いなる気づき、とご理解ください。これでいいんだと迷いなく行動できるようになる気づきです）


断つべき欲望といわれると、「愛欲は持つべきではない悪いものなのか」と思われそうですが、そういうわけではありません。愛欲があるのに「無い」と否定しても仕方ありません。仏教の中でも密教（一般公開しない秘密の仏教）は、悟りを開くための大きなエネルギーになると考えました。

そこで密教で創造したのが、「明王《みょうおう》」と呼ばれる仏様です。如来や菩薩のようにお優しい仏様ではありません。優しく言っても聞き入れない人たちを、力ずくで導くために激しい怒りの表情をしておられます。

愛染明王のおはたらきを一言でいうと「離愛」で、人々が愛欲を離れて悟りに向かうよう変化を促します。

愛染明王を信仰した有名人は、最初にも述べましたが、大きな「愛」の文字が兜の前面にあった戦国武将の直江兼続です。作戦立案・兵士の統率・内政など何をやらせても有能で、人柄もよく、イケメンの愛妻家でした。仕事とパートナーシップを両立し、よく愛し、よく愛された人といえます。

愛染明王のおはたらき「離愛」は、「渇愛」から離れること。

「愛が欲しい」「愛されたい」と愛に飢えている状態が「渇愛」です。この「愛への渇望」から離れることを、愛染明王は力強くサポートします。

明王のご利益をえるために、密教では、加持祈祷《かじきとう》と呼ばれる願望実現の儀式を行います。秘密の祈祷法なので、密教内部で修行した人のみ使えます。

神社参拝や念仏は、素人でもできる簡単なものです。神職の祈祷や僧侶の念仏は洗練されたものですが、基本は誰でも実践できます。しかし密教は一般公開しない秘儀が中心の仏教ですから、修行した人の熟練技が必要です。

自分を救うだけなら、素人でもできる簡単なもので十分。ただ、他人を救いたい人は、特殊な秘儀をおさめる必要も出てきます。

ですから、他者から願望実現のサポートをえたい方は、密教の寺院で加持祈祷をお受けいただければと思います。愛染明王への祈祷法は如法愛染王法《にょほうあいぜんおうほう》といいます。

一般の人でも熱心な方は、真言をくり返し唱えられます。真言とはサンスクリット語でマントラと言い、神秘的な力を持つとされます。

愛染明王の真言は

「おん　まから　ぎゃ　ばぞろ　うしゅにしゃ　ばざら　さとば　じゃく　うん　ばん　こく」

「おん　まから　ぎゃ」偉大なる愛染尊に帰依します。
「ばぞろ　うしゅにしゃ」決して壊れることのない堅い最高の悟りを得た尊よ。
「ばざら　さとば」金剛薩埵《こんごうさった》と同体の尊よ。
「じゃく　うん　ばん　こく」民衆を仏智に導きたまえ。

○おん：帰依する。
○まからぎゃ：偉大なる愛染尊。

○ばぞろ：金剛。ダイヤのように堅く、決して壊れることがない。
○うしゅにしゃ：仏頂。大仏など如来の頭部てっぺんにあり、大きなタンコブのように肉が盛り上がっている所。悟りの象徴。
○ばざらさとば：金剛薩埵。密教では大日如来から直接教えを受けた菩薩ないし如来でダイヤのように堅い悟りを得ている。愛染明王と同体とする。
○じゃく：釣り針にかける。
○うん：網で引き寄せる。
○ばん：鎖で煩悩を縛る。
○こく：鈴で喜ばせる。

この真言を覚えて、ひたすら唱えます。回数は7回か21回か108回です。7回唱える → 21回唱える → 108回唱えるというように、徐々に回数を増やすとよいでしょう。回数が多くなると、何回数えたかわからなくなるので、実践する方は数取り器などをお使いください。交通量調査などでカチカチして数える道具です。

ただ、素人の生兵法になってはいけませんので、熟練した僧侶の御祈祷に任せるのが無難かと思います。

たとえば修験《しゅげん》の聖地で有名な奈良吉野の金峯山寺《きんぷせんじ》では、良縁祈願など「愛染明王特別祈祷」を有料（5千円以上）で受け付けています。あるいは高野山の金剛三昧院《こんごうさんまいいん》という愛染明王が御本尊の宿坊で、お勤めに参加するのもよいですね。

愛染明王をお祀りする寺院

○放光寺（山梨県甲州市塩山藤木2438）
○愛染堂《あいぜんどう》勝鬘院《しょうまんいん》（大阪府大阪市天王寺区夕陽丘町5－36）
○金峯山寺　愛染堂（奈良県吉野郡吉野町吉野山2498）
○金剛三昧院（和歌山県伊都郡高野町高野山425）
○東林院（徳島県鳴門市大麻町大谷山田59）

＼ぜんぶ叶えたい欲張りなあなたへ／
歓喜天（聖天）

「我々が仏教を盛り上げて民衆に利益をもたらしたいと志しても、無力である。（中略）歓喜天を信仰して貧を転じて福を与える術を行うべきだ。この神の名を聞けば貧乏人でもたちまち裕福になり、卑しい地位の人間でも高い地位につけるであろう」

天台宗の開祖・最澄が記した『六天講式』で解説される歓喜天《かんきてん》のご利益です。歓喜天は、象の頭に人の体をした仏教の神様です。元はヒンドゥー教のガネーシャ。聖天（せいてん・しょうでん）とも言います。

一般には『夢をかなえるゾウ』という小説のモデルとして有名でしょう。

歓喜天を信仰すると、以下の現世利益を得られるとします。除病除厄、富貴栄達、恋愛成就、夫婦円満、除災加護など。子授けの神としても信仰されています。お釈迦さまの説いた極端に清貧な仏教と異なり、人間の欲にずいぶんと寛容ですね。

私個人の感想ですが、歓喜天は大変強力なお力を持つ存在です。

平安時代、家格が低いのに異例の出世で右大臣になった菅原道真は、歓喜天を篤く信仰しました。その後、大宰府に左遷された道真は、死後に怨霊化したとされましたが、その時に与えられた神号「天満大自在天神」（通称・天神さん）の大自在天は歓喜天の別名です。天神さんの中に実は歓喜天も混ざっているわけです。

歓喜天の寺院で個人的にビッグ2があります。

東京浅草の本龍院、通称・待乳山《まっちやま》聖天《しょうでん》と、奈良生駒の寶山寺《ほうざんじ》、通称・生駒《いこま》聖天《しょうてん》です。

待乳山聖天は大根をお供えすることで有名です。歓喜天（聖天）は大根や甘いもの、酒がお好きとされます。**待乳山聖天は私の周りの経営者さんにも人気のお寺で、商売繁盛のため定期的に参拝されています。**

歓喜天のお力を借りて願望実現する特殊な祈祷法が「歓喜天法」です。独特のお供物の作り方とご供養の方法で、修得していない寺院や僧侶も多いです。もちろん私もできません。祈祷の実践には厳格な決まりがあり、浴油供《よくゆく》と呼ばれる供養法は、人肌に温めた油を歓喜天の像に注ぐのですが、1日のうち、108回注ぐ行為を7回行います。108に7を掛けて756回も油をかけるのです。1日で終わりではありません。一度浴油を行うと、ずっと行い続ける必要があります。毎日やり続けるか、一定期間を定めてやるか。歓喜天のご供養が一生のお勤めになります。

待乳山聖天では厳しい掟のある歓喜天のご供養法を、毎朝欠かさず行い、心願成就、商売繁盛、家内安全、身体健全、当病平癒、良縁成就、旅行安全などの御祈祷を提供されています。御祈祷を申し込むと、基本7日間御祈祷いただけます。

生駒聖天は商売の仏神で、世界最古の財閥とされる住友財閥（現在の住友グループにつながる）の発展に深く関わります。住友家が大富豪に発展した基礎は1691年より採掘を開始した愛媛の別子《べっし》銅山で、昭和48年の閉山まで280年超も産出し続けました。生駒聖天の事実上の開山（寺院の創始）は1678年で、創始者の僧侶・湛海《たんかい》は大聖歓喜天を生駒山の鎮守とし、「生駒に優れた験者あり」と評判になりました。天皇や将軍、貴族等から祈祷依頼が相次ぎ、住友家など商人や庶民も数多くお参りするようになります。

住友家は歓喜天（聖天）を篤《あつ》く信仰し、京都府大山崎町の観音寺（通称・山崎聖天）

あれもこれもお願いしてもいいよね？歓喜天様なら許してくれるよね？
神仏なら広い心で許してくれると甘えていませんか？
神仏の世界はそんな甘くありません常に敬意をもって接してください
ちょっと待った!!!

には別子銅山の銅でつくった大灯籠を寄進しました。

欲張りな人にはピッタリで、歓喜天は大きな欲の実現をお助けくださいます。ただ**欲望を叶える仏教の神様は厳しいです。**無宗教が当たり前の現代日本人は、神仏を自分に都合の良い存在のように扱ったり、自分が神仏を使う側くらいの上から目線になったりする人も少なからずいます。**「神仏なら、広い心で何でも許してくださる！」とは限りません。**どなたが寛容でどなたがそうじゃないか、目印が付いているわけではありませんので、どこに参拝されても敬意をもって接してください。

歓喜天の真言は、天台宗だと「おん　きり　ぎゃく　うん　そわか」、真言宗では「おん　きりく　ぎゃく　うん　そわか」です。ただ生駒聖天は真言宗にもかかわらず、天台宗と同じく「おん　きり　ぎゃく〜」を唱えます。お参りされるときは、真言を7回か21回お唱えされてください。お参りする所に真言が掲示されている寺院も多いので、確認しながらで大丈夫です。

歓喜天（聖天）をお祀りする寺院

○歓喜院（妻沼聖天）（埼玉県熊谷市妻沼1511）
○本龍院（待乳山聖天）（東京都台東区浅草7丁目4－1）
○最乗院（滋賀県大津市坂本4丁目1－7）
○寶山寺（生駒聖天）（奈良県生駒市門前町1－1）
○聖天宮西江寺（大阪府箕面市箕面2丁目5－27）

神仏と心理学コラム

お墓参りは家族との関係を改善する

見出しに結論を書いていますが、家のお墓参りは家族との関係を改善します。お墓の効果を理解するには「参拝者が家族だけの神社仏閣」ととらえるとよいです。神社仏閣の効果は、「誰か（何か）が良い人だと知ること」でした。誰かとは神社仏閣のある地域住民や人間一般です。つまり「誰か＝参拝者」です。

お墓の参拝者は、主に家族ですから、「誰か＝家族」。**お墓の効果は「家族が良い人だと知ること」です。家族への信頼や愛情が高まり、貢献意欲や与え合いの気持ちが高まると推測できます。**

家のお墓があることで、家族の絆はより確かなものになります。家族共通の拠り所になる何かがあると、家族の間を取り持つようです。

今の彼氏や彼女と婚約・結婚したら、あるいは結婚したくなったら、お互いの家のお墓参りをするのもおすすめです。結婚となるとカップル同士の気持ちだけでなく、親御さんの気持ちも影響します。親御さんの反対や介入ですんなりいかないケースもあるからです。結婚後の家庭円満のためにも、お互いの家のお墓参りは大事です。

例えば、知人の女性は、結婚の約束をした彼を母に紹介すると、いい顔をされませんでした。それで亡き父のお墓参りを母とすると、途端に、「○○さん（彼の名前）と結婚したらいいやん。良い人だから賛成やで」とすんなり賛成してくれたのです。

実はこの方の亡き父は浮気がひどく、部署が変わるたびに愛人ができていたとか。浮気相手との間に子供ができたことで、ご両親は生前に別居・離婚されていました。そんなですから、亡き父のお墓の場所も知らず、まず父方の祖父母に連絡をして場所を聞くところから始めたそうです。

はじめに申し上げたように、日本の神様は、ご自身が挫折したことを、ご利益とする特徴があります（お墓の場合は仏様ですが）。拙著を読んでくださったその女性は、「では父のご利益は、夫婦和合・家庭円満ですね」とご理解いただきました。亡きお父上は夫婦・家庭のことで挫折をされたからです。

義理の家族との関係改善にも使えます。義理の家族の家のお墓参りだけでなく、義理の家族の地元やゆかりの神社に参拝するのです。夫（妻）の故郷の神社、義理の母（父）の故郷の神社などに、時に義理の親とも一緒に参拝します。

実家や義理の実家に帰省するときは、帰省先の神社やお寺に参拝するとよいでしょう。帰省というと、億劫なことも多いですが、何か少しでも楽しみになれば幸いです。

ちなみにお墓は仏教由来のものと思われがちですが、元々インド仏教の教えにはありません。ご先祖さまを神様として神社にお祀りをする日本の風習に基づいて生まれたものです。ですから、お墓はそれぞれの家ごとにある神社ともいえるのです。

第4章

教えて、リュウ博士。神仏参拝Q&A

Q

知らずに間違った参拝法をしていないか心配です。

第1章でも申し上げましたが、マナーあれどルールなし。絶対のルールはありません。

なので神経質になることはありません。

神仏に対するマナーは、神仏への敬意と感謝、そして素直な心での参拝です。

（1）素直　（2）敬意　（3）感謝

素直な気持ちで参拝し、神様に敬意と感謝の心で祈ります。

これらのことは

「特に教える必要もなく、誰でも参拝すれば自然とそうなります」。

参道を歩けば自然と素直になります。

頭を下げれば敬意がわいてきます。

手を合わせれば感謝の心になります。


だから、あれこれ「あれをしてはダメ」「こうしなきゃいけない」「そんなことも知らないのか」「本当はこうなのに」と言う必要は何もありません。

もし絶対のルールがあれば、お寺なら僧侶が、神社なら神職が、慣れない参拝者のためにご指導されるでしょう。しかし実際は、簡単な参拝法が掲示される程度。だから間違った方法で参拝をしていないか、気にされることはありません。


もし間違いがあるとしたら、参拝すれば自然と「素直・敬意・感謝」になるにもかかわらず、つい「意図的に」自然な状態からズレてしまうことでしょうか。

自然な状態から意図的にズレるとは、正しい・間違いで物事を見て、ジャッジすることです。

「あれをしてはダメ」「こうしなきゃいけない」「そんなことも知らないのか」「本当はこうなのに」「神様に呼ばれた」「神様に呼ばれてない」など、**神仏への参拝を正しい・間違いでジャッジする癖が付くと、「素直・敬意・感謝」からズレていきます。「間違っている人への否定」「正しい自分への優越感」などへ意識が向くからです。**

などというと「私はズレている?!」と不安になる人もいそうですが、ズレない方法は簡単です。

「普通に参拝する。以上」です。大半の参拝者がされている、ごく一般的なやり方で参拝していれば問題ありません。参道を歩けば素直になるし、頭を下げれば神仏への敬意はわくし、手を合わせれば神仏への感謝になるからです。みんな同じです。

もちろん外国人や子供など、神社仏閣に全然なじみのない人と一緒に参拝したら、基本をお伝えする必要もあるでしょう。いきなり「素直・敬意・感謝」といっても抽象的すぎます。みんなが行う基本的な作法をお伝えしてください。

Q

カップルでの参拝は、女神様が嫉妬して別れさせると聞きました。

たびたび、このウワサを聞きますね。神社さんにとっては風評被害でしょう。伊勢神宮、江の島の江島神社、宮島の厳島神社、蒲郡の竹島にある八百富神社など。カップルで参拝すると、神社に祀られる女神様が嫉妬してふたりを別れさせようとする、というウワサです。

江島神社なんてカップルだらけですけどね。うっかり独り身で参拝すると、なかなか居心地悪そうです。

もちろん中には女神様の神社に一緒に参拝したカップルで、お別れされた方々もいるでしょう。ただ、そんなことを言い出したら、夜景のきれいなホテルのバーで肩を寄せ合ったカップルも、ディズニーランドで遊んだカップルも、いずれ多くはお別れされます。それに神様が人間のカップルに嫉妬する理由がよくわかりません。同じ人間同士なら、嫉妬することはあるでしょう。しかし神様は肉体がないので、同じ動物ですらありません。なのに人間に嫉妬する、なんて想像しにくいです。

その上で、なぜこのようなウワサが出るのか分析しますと、伊勢神宮の女神様といえば太陽を神格化した存在で、「御神体は鏡」として知られています。鏡には自分の姿がありのまま映ります。そんなありのままの自分自身を映し出すのが、伊勢神宮の女神・天照大御神のおはたらきです。

女神様はカップルに嫉妬する、との考えを持つ人がいたとしたら、それはその人自身が持つ「嫉妬する女性」のイメージが鏡に映され、あらわれただけです。要は、嫉妬しているのはあなたの隠れた本音だということです。

人間なら、普通にある感情です。人間は嫉妬するし、心がささくれているときなら、ラブラブなカップルを見てイラッとすることもあるでしょう。普通ですが、ちょっと低次元といえば低次元な感情です。そんな低次元なことを思っている人が、ラブラブなカップルを不安にさせるために「女神様がカップルに嫉妬している」と、神様に低次元な感情を押し付けてしまうのです。一種の嫌がらせです。あるいは、自分たちカップルは神様の嫉妬に気をつけているから大丈夫だと安心したいのです。

神様は話せないので反論できません。なので一部の人間が「神様はこう思ってい

る」と勝手を言いたい放題なのです。

自然に参拝していたら、そんな人間の低次元な感情と神様を一緒くたにする気になりません。もちろん著者の私は、低次元な感情でいっぱいの普通の人間です。だからといって神様を、自分たちと同レベル以下に引きずり下ろすのは同意できません。

ただ、**「やっぱり神様が嫉妬するわけないよね？」**と質問されたら、**「知りません」とお答えします。先ほども申しましたが、神仏に関して正しい・間違いをジャッジすると、「素直・敬意・感謝」からズレます。「神様は嫉妬しない」と決めつけるのも、神様に「正しい人間像」を押し付けているだけではないでしょうか。**

鏡や太陽が正しい人間のように思ったり振る舞ったりするのでしょうか？　神様は正しい人間でも、低次元な感情だらけの人間でもありません。

なので正しい・間違いをジャッジせず、普通に参拝しませんかと提案します。

Q

神仏はバチ（罰）を当てたりしますか？

子供の頃、祖母に「神仏はバチ（罰）を当てる」と、よく聞かされました。本当に神仏が人間に対して何か罰を与えるのでしょうか？

まず前提として、**誰かを罰したり裁いたりは人間のやることです。誰かを罰したい欲求を持つ人が、神仏の名を使って罰したい思いを表現しているだけです。**

ただ、「神様がバチ（罰）なんて当てるわけないよね？」と聞かれたら、やはり「知りません」とお答えします。**神様はバチなんて当てないと決めつけるのも、人間が思う「正しい人間のような神様像」を押し付けているだけです。**ただ、この回答だけでは塩対応なので、私が知る経験談をお伝えいたします。

以前、あるスピリチュアル系のお仕事をされている方が、ストレスがたまったのか、突然ぶち切れて、ご自宅の神棚を破壊されたことがありました。神様とお話する系の人で（霊能者的な）、いろんな神社を訪れ、御祈祷していただいたお札を、伊勢神宮で購入された大きな神棚に納めておられたのです。

たまった不満を神様にぶつけたのだろうと推測します。「色々やっているのに、あれもこれも思う通りにならない。ぜんぶお前のせいだー！」みたいなことでしょうか。たくさんお札の置かれた神棚の上で手を振り回し、叫びながら棚の上をめちゃくちゃにされたそうです。人間ストレスがたまって爆発することはありますよね。

こんな破壊行為をして、この人にバチ（罰）は当たったのでしょうか？　別にご病気になられたとか、お金が無くなって路頭に迷ったとか、そんなことはありません。ただ、神様とのお話を外部に表現することはどんどん減っていかれました。

客観的に見れば、バチ（罰）は当たっておらず、以前より真っ当な道に戻られたということろでしょう。もし何かバチ（罰）があったとするならば、神仏の世界に失望されたことに思います。

神仏関係に少し深入りすると、エゴの肥大が起こります。自己評価がどんどん高くなって高くなりすぎるのです。例えば、お釈迦さまの言葉を学んだら偉くなったような気がします。これは、任侠映画にハマって鑑賞したら、見終わった後、自分も映画の登場人物になったような気がして、威張って歩いたり、強気になったりするのと同じことです。神仏の世界に中途半端に触れると、自分も神仏と同じレベルになったような、何ならもっと上に立ったような気がする人が結構いるのです。

ただ**神仏は個人に都合のいい存在ではないし、特別扱いもしてもらえません。だから神仏に中途半端に触れてエゴが肥大するほど、反動で、神仏の世界に失望します。私が知る限り、この失望がバチ（罰）ではないでしょうか。**神仏への失望に隠された本音は、結局のところ自分自身への失望なのですから。

「神仏ってやさしい！　やっぱり神仏がバチ（罰）なんて当てるわけないよね！」と思われたかもしれません。ただ、日本三大怨霊とされる神様など、神社の神様の中には、祟りをもたらしたため、お祀りされている神々がいます。

古代の人は「強い恨みを持って死んだ霊は怨霊になってバチ（罰）を当てるけれど、謝罪と敬意と感謝の気持ちでお祀りして神様に変化すれば、怨霊の怒りの心が鎮まりバチ（罰）を当てなくなる」と思っていたようです。この古代の人の考えが正しいなら、神様はバチ（罰）を当てないけど、怨霊化した幽霊はバチ（罰）を当てます。

神様が怨霊に戻ってしまわないよう、後世の人たちも感謝と敬意の気持ちで参拝することは大事なことだと私は思います。

Q 稲荷神を一度信仰したら、信仰し続けないと祟られますか？

第3章でご紹介した歓喜天（聖天）や、豊川稲荷の荼枳尼天《だきにてん》（豊川吒枳尼真天《とよかわだきにしんてん》）は、たいへん厳しい神様で、一度信仰したら、ずっと信仰し続けるべきとされます。荼枳尼天は子孫の代になっても信仰し続けなければいけないという人もいます。

どちらも元々はインドの神様で、歓喜天はヒンドゥー教のあらゆる障害を取り除く商売や学問の神様ガネーシャ、荼枳尼天は性的欲望を満たす性愛の神様ダーキニーで、どちらも仏教に帰依して天（仏教の神）になったとされます。

「安心してください、怖くありません」と言いたいところですが、日本神話の価値観で理解するわけにはいきません。同じお稲荷さんでも、日本のお米や食べ物の神様ウカノミタマと、インドの性愛の神様ダーキニーでは、全く違う神様です。以降は、稲荷神の中でも荼枳尼天（ダーキニー）の話題です。

2023年に少年への性加害で大炎上したジャニーズ事務所創業者の故・ジャニー

喜多川氏および姉の故・メリー喜多川氏は、東京赤坂にある豊川稲荷への信仰心が篤かったことで知られます。姉弟の父親は高野山真言宗の僧侶で、仏教・密教が身近でした。ジャニーズのタレントの多くも豊川稲荷に参拝し、車で通り過ぎる時でもお祈りしないとジャニー氏にキレられたとか。ジャニーズ事務所の繁栄の裏には、熱心な荼枳尼天信仰があったのです。

2019年、ジャニー氏の死去により、メリー氏の娘の藤島ジュリー景子氏が2代目社長に就任しました。それからわずか4年で、天下のジャニーズ事務所は一気に崩壊。2023年春、ジャニー氏が多くのアイドル志望の少年たちに性加害をし続けていたことが明るみになり、国際的に大変な批判を浴びたのです。この年の秋にジャニーズ事務所の名称は消え、被害者への補償が終了次第、廃業することになりました。

一方、ジャニー氏の後継者になるべく2018年にアイドルから引退してマネジメントにまわった滝沢秀明氏は、2022年秋にジャニーズの経営陣から退き、翌年初めに独立。芸能事務所TOBEを設立しました。ジャニーズ崩壊直前に脱出できて、人気アイドルもTOBEに多数移籍したことで、先行きは明るいです。

同じ後継者候補だったのに、一体なぜ藤島ジュリー景子氏は転落し、滝沢秀明氏は上昇気流に乗ったのか？　その違いは、私から見れば豊川稲荷信仰の有無です。

滝沢秀明氏もまた豊川稲荷を信仰し、ジャニーズの荼枳尼天信仰は引き継がれています。ただジャニーズ事務所の崩壊以降、滝沢氏や3代目社長の東山紀之氏など主要なジャニーズ関係者の豊川稲荷信仰は、表立って伏せられるようになりました。

藤島ジュリー景子氏が豊川稲荷信仰かどうか、私は把握できませんでした。参拝されたことはありそうですが、熱心ではなかったかもしれません（憶測です）。後継社長は豊川稲荷信仰の東山紀之氏ですから、信仰の有無は陰の重要事項に思います。

あんなひどい人たちの願いをなぜ神仏が叶えるのかと思う方もいるでしょうけど、**荼枳尼天や歓喜天（聖天）といった密教系の厳しい信仰は、意思の強さを鍛えるトレーニングです**。アスリートと同じで、強い意思で的確に努力し続けられる人は、すごい結果が出ます。喜多川姉弟も、強い意思力を鍛え上げられたのでしょう。

ただ、**強い意思で性欲や金銭欲、権力欲などの現世利益を叶えると、周りに不調和や悲劇をもたらすのも、ジャニーズ事務所の事例でおわかりの通りです**。子孫の代になっても信仰しなければならないとは、過度に欲を満たしたことの反動は、ジャニー氏のように子孫の代になっても出るという意味です。

この**欲を過度に叶えた反動が神仏の祟りや罰（バチ）とされるわけですが、単に欲深い人自身がまいた種です。**神仏が罰したというより、自分への戒めや警告ととらえる方が正確な認識に思います。**誰かを罰したり裁いたり、そして祟ったりするのは、あくまで人間のやること**なのですから。

Q 年毎に吉凶の方位には必ず従わなくてはいけませんか？

気学や方位学など開運系で方位を気にするのは定番ですよね。

まず私は方位系の知識は全くありません。話のネタとして、少しは調べることもありますが、それだけのことです。

ですからきっと、行きたくて参拝した神社仏閣が凶をもたらす（とされる）方角にあったり、吉とされる方角に行きたい神社仏閣がなかったりしたこともあった……かもしれません。気にしていないのでわかりません。

なので、年毎の吉凶の方位に従うべきかどうかと聞かれたら、またもや「知りません」とお答えすることになります。

今から言うことは一般論ですが、おのれの信じるところに従えばよいと思います。**プラシーボ効果といって、本人の思い込みが吉凶に大きく影響するからです。**

プラシーボ効果とは、有効成分が含まれていない薬（偽薬）により、症状の改善や副作用があらわれることで、偽薬効果ともいいます。なぜプラシーボ効果があらわれるのか理由は不明ですが、**信じれば起こるはずのない奇跡が時に起こせるのです。**

占いやスピリチュアルなことに、有名な政治家や社長がハマっていることもありますが、それはプラシーボ効果で奇跡が起こるからです。

その奇跡を起こす鍵が「確信」です。

要するに**「信じ切ったら奇跡が起こりやすい」**。

私の卑近な例だと、子供の頃に正露丸《せいろがん》を飲んだら、その瞬間、腹痛がおさまったものでした。正露丸は腸内の水分バランスを調整しておなかを正常な状態に戻し、痛いときは効果的といわれます。実際、私は幼少の頃から何度も助けられました。

ただ、この「飲んだ瞬間に治った」のは変です。効果があらわれる時間は、服用後およそ30分。個人差はあるにしても、効果の出るタイミングが早すぎます。

なのに、なぜすぐに効果が出たのか？

私が正露丸の効果を信じ切るようになったからです。何度も正露丸を飲んで腹痛がおさまる経験をするうちに、いつしか信じ切っていました。だから、プラシーボ効果で、飲んだ瞬間すぐに腹痛がおさまるようになったのです。

もちろん、奇跡が起こるといっても現実的な制約はあるでしょう。それでも本気の本気に信じ切っていたら、人体はかなり融通がきくようです。

ですから、**不吉な方角だと信じて向かえば不吉なことが起こるし、ラッキーな方角だと信じて向かえばラッキーなことが起こる。**気学・方位学を学べば、**方位方角の信念が強化されるでしょうから、結果的に奇跡も起きやすくなると想像します。**「今日はこちらに行けば良いことが起こる（悪いことが起こらない）」と確信を持つことが増えるだろうからです。

もちろん違う信念をお持ちでもいいです。かつて納税額日本一で知られた実業家の斎藤一人さんは「この方位方角がいいとか悪いとかあるが、私はどこでも行く。私がいるところが幸せ。私が幸せの元だから、どこに行っても吉方位」とおっしゃっています。オレの行きたい所が吉方位だと確信されているようです。

有名人の虎の威を借りてばかりもなんですから、私自身の信念を申し上げると、「吉のときもあれば凶のときもある。吉のときは気分が良いから素直に楽しく過ごせばいいし、凶のときは気分が落ち込むから、なお一層楽しく過ごそう」と思っています。好景気もあれば不景気もある。景気は循環するし、好景気ばかりだと、物価が高くなりすぎて、それはそれで大変です。晴れと雨のようなもので、凶（不景気）にも意味があるのだから、それはそれで楽しめばよいという考えです。

もし年毎の吉凶の方位に従うべきか迷われているなら、**どんな判断をされてもあなたにとっての正解ですから、自分らしい選択をされてください**。自分らしい選択こそ、最もプラシーボ効果がはたらきます。

Q 神社仏閣に行くのにベストな時間はありますか？

「神社には夜行ってはいけない」

よく聞く話です。情報の出所は、元神職で有名なスピリチュアル・カウンセラーの江原啓之さん。「日が暮れてから神社に参拝しない方がいい」とおすすめされているようで、目安は夕方16時までに参拝した方がいいとのこと。理由は、夜はお亡くなりになった方たちが参拝しているからだそうです。

夜に幽霊が参拝しているのかは私にはわかりませんが、結論には同意です。私も何かちょっとゾクっと寒気がするからです。幽霊なのかわかりませんが、神社仏閣に限らず、霊的存在を各所で実感することは私もあります。そんなに悪さするわけではなく、指でつつく程度のちょっとしたイタズラをするくらい。あくまで経験談です。

ただ**例外ですが、夜間参拝の方が、明るい時の参拝より感じのいい神社もあります。新宿歌舞伎町の花園神社です。**歌舞伎町はアジア最大級の歓楽街で、夜の方がにぎやかな街です。夜も人の気配でいっぱいですから、幽霊も参拝を避けるのでしょうか。花園神社以外でも、夜遅くまで付近に人がいて、境内に灯りがついている都会の神社や、夜間に人を集めてご神事をされている神社は、夜参拝も風情があって素敵です。

Q
神社とお寺で、大事なものに違いはありますか？

お寺と神社を比較すると、第2章でお伝えした違いは、「神社は社会のため、お寺は個人のため」。神社を運営する神道は日本という共同体の維持・発展を目的とし、お寺を運営する仏教は個人の精神的な悟りを目的としていました。

ここでもうひとつ両宗教の違いを付け加えると、**神社のパワースポットは神社のある「場」。お寺のパワースポットはそこで修行する僧侶（人）です。**

神社は、神様がそこに降りてこられるような、清浄な場をつくることが肝心要です。「場」とは、神社が存在する空間と時間の持つエネルギーのこと。森林や建造物、石、道、周囲の山や海、川、神社が存在した歴史などがもたらす目に見えないパワーです。神職さんが毎日お掃除やご祈祷をすることで、場のエネルギーが保たれています。

一方、お寺はお釈迦さまの悟った知恵を伝える場所ですから、学校みたいなもの。肝心要は、教えの内容と、何より教えを身につけ実践する僧侶（人）です。学校も校舎や校庭より、人（先生・生徒）と教科内容や教材が大事なのと同じことです。

お寺と神社の違いを示すデータがあります。

神社本庁加盟の神社は全国に7万8529社、神職は2万1330人います。そして寺院が大半の仏教系団体は8万7706団体、僧侶は32万4071人が所属しています（以上、令和4年版宗教年鑑）。

神社1社につき神職は1人未満で約0・27人。一方、お寺は1寺につき約4人の僧侶がいる計算です。となると、お寺には神社の約15倍もの職員がいるのです。

それだけ仏教の方が、人の必要性が大きい宗教なのです。もっともこれは仏教が特殊なのではなく、神社本庁の神道が人の必要性が少ない特殊な宗教なのです。

というのも、**たいていの宗教は教祖がいて、宗教の体系的な教えである教典・教義があります。しかし一般的に神社には教祖も体系的な教えもありません。**

同じ神道系でも神道系新宗教と呼ばれる団体などでは、もっと職員の人数がいます。教祖も教義も存在するからです。つまり、学校のように先生がいて教科書やカリキュラムもあるのが宗教一般です。しかし我々が一般に知る神社は、先生もいないし教科書もカリキュラムもない。校舎に用務員さんだけがいる学校のようなものです。
そう考えると、神社って相当に不思議な場所ですね。

ちなみに神道と仏教が明確に区別されたのは明治時代以降のこと。江戸時代以前は神仏習合といって、神社の神様と寺院の仏様が混合して、一緒に運営されることも多かったです。だから、神社もお寺も同じようなものだと思う方がいたら、その感覚も間違いではありません。色々な宗教や神様をごちゃ混ぜにして、あれもこれも一緒とするのは日本の文化なのでしょう。

Q 神社仏閣は「ハシゴ」をしてもよいのでしょうか?

「今日はあの神社とこの神社と、あそこのお寺も行くぞー!」がハシゴですよね。観光ツアーとか基本ハシゴしまくりなわけですが、何か問題ありますかね？

それぞれお好きにすればいいと思うのです。

「今日は本気の本気でこの一社だけで行く！」と決意を固めて参拝したくなるときも私はあります。そういう時はハシゴしません。しかし、色々行きたいときも多いです。観光として参拝することもあれば、真面目な信仰心のあらわれとして参拝することもあります。全てOKでいいじゃないですか。

また同じことを申し上げますが、神仏への参拝を正しい・間違いでジャッジする癖が付くと、「素直・敬意・感謝」からズレます。「間違っている人への否定」「正しい自分への優越感」などに意識が向くからでしたね。

以前、こんなことを言われたことがあります。

「友達が、伊勢に行ったら、本殿だけで、他の社は回らなくていいと」

伊勢神宮に参拝したら、御正宮だけ参拝して、境内にいくつかある他のお社には参拝しなくていいと、この方の友達はお考えのようです。又聞きなので、お友達ご本人と話したら、誤解があったり、さらなる真意を聞けたりするのかもしれません。

「御正宮以外の他のお社は参拝しても意味がない」と何らかの信念や確信で思われているなら、それはそれでご本人のお考えですから否定しません。

同時に、他のお社を参拝して意味があるかは、各人が決めること。自分にとって意味があろうとなかろうと、他人には関係ありません。

こういう他人にはよくわからない正しい・間違いのジャッジをしてくる人は、結構おられるようです。周りにいたらめんどくさいです、ほんと。しかも自分の意見ではなく、誰かがこう言っていた系は、ただマウンティングしているだけですからねぇ。

最近で一番「そんな人おるの？」と思ったのは、ある男の神様が祀られる有名神社で、「これからは女性性の時代。女神の時代だから、あなたは交代するべきだ」と神様に（内心で）お伝えされるスピリチュアル系の人がおられたことです。その人の中で、この有名神社の神様は女神に交代したようです（苦笑）。

極端な例ほどわかりやすいのでご紹介しましたが、まさに「ズレている人」です。

神社のご祭神を決めるのは、この人個人ではなく、日々お祀りする人たちの総意です。そんな当たり前すぎることがわからないほどズレて、エゴが肥大しているわけです。それに、もし女性性・女神の時代が事実だとして、この態度のどこが女性性でしょうか？　これではゴリゴリの支配欲丸出しの横暴で古臭い男性独裁者の態度です。再度申し上げます。正しい・間違いをジャッジせず、普通に参拝しましょう。ここまで無茶苦茶な態度の人でもバチ（罰）は当たらないので、ご安心ください。ハシゴするもしないも、どちらもOKです！

Q　縁結びの神社で怖くて行けない所があります。それでも行くべきですか？

どちらでもよいです。行くもよし、行かないもよし。

まず**減点法ではなく、加点法で考えるとよいです。「行くべき」は減点法の思考です。**行かないとマイナスなことが起こるとお考えですよね。マイナスはありません。加点法で考えたら、行くべきという発想にはなりません。**加点法だと「行けたらラッキー」という発想になります。そして「行けなくともラッキー」です。**怖いところに行けなくてよかったじゃないですか。

なぜ怖いのか掘り下げてみるのもいいですね。何を自分が恐れているのか、確認しても無駄にならないでしょう。

【思考の掘り下げ方】

○あの縁結び神社に怖くて行けないんです！

←

○もしその怖い神社に行ったら、どうなりそうですか？

←（※以下、仮の回答です）

○怖くて足がすくんで、嫌な気をもらいそう……

←

○もし嫌な気をもらったら、どうなりそうですか？

←

○そりゃ、運気が悪くなって、いろいろ悪いことが起こりそうです

←

○悪いことって、最悪どんなことですか？

○お金落としたり、事故とかで怪我したり、それこそ最悪は色々な不幸が……
←
○その縁結び神社に行った人で、そんな悪いことが起こっているのですか？　お知り合いからや噂とかで聞いたことありますか？
←
○いや知らない。聞いたことないですね。……私、気にしすぎなんですかね（笑）。
←

Q
水が出なくて手が洗えない神社ではどうしたらいいですか？

コロナ禍の影響で、水の出ない神社が増えましたね。2023年現在、いまだに手を洗う場所で水の出ない神社があります。仕方ないことですが、手を洗うことには意味があるので洗った方がいいです。心理学の実験で、手を洗うことは、罪悪感を減らし、自分を正しいと思いすぎる気持ち（自己正当化）を減らし、ネガティブな記憶や感情を減らす効果が指摘されています。

神道の用語を使用すると、手を洗うことは罪ケガレを祓うことになります（祓う＝取り除く）。**神社で手を洗うのはお祓いなのです。もし水が出ない場合、代わりの手段で手を清めるとよいです。おすすめは塵手水《ちりちょうず》です。**

塵手水は、お相撲さんが取組前に土俵入りする時の礼儀作法です。手順は、爪先立ちでうずくまる→その姿勢で揉み手をする→拍手を打つ→両手を広げ→手のひらを返す。かつて相撲が野外で行われていた時、地面のちり草を千切って、もしくは下草に付いた水滴で手を清めたことに由来します。

手洗いの代わりになるのは、揉み手をする部分です。相撲の礼法より大ざっぱですが、**手を洗うようにスリスリと両手を何度かこすり合わせてください。そして手に付いた水滴を払うように両手を何度か振ってください。**

相撲は奈良時代からご神事で、神社で相撲をして神様に豊作を祈願したり、どちらが勝つかで占ったりしました。相撲と神道は密接に関係し、両国国技館の土俵の吊り屋根は、神明造《しんめいづくり》という神社と同じ建築様式です。土俵上に神様が降臨して相撲を見ている設定なのです。

Q　真言（マントラ）が覚えられません。

密教の真言は長いのもあるし、意味不明な聞き慣れない言葉ばかりなので、難しいですよね。学校の試験じゃないのでカンニングありです。まずは真言を書いた紙を見ながら唱えられるとよいです。

真言は3回唱えます。もしくは7回唱えるか、21回唱えるか、108回唱えます。**108回も唱えれば、唱えている最中に暗記します。暗記したらカンニングなしでお唱えください。**暗記できた状態で唱えると、より精神が集中します。

お遍路をされる場合、基本となる3つの真言があります。

お遍路とは弘法大師空海が修行した88の霊場をたどる巡礼のこと。そのお遍路で唱えるお経に必ず登場する3つの真言です。

（1）発《ほつ》菩《ぼ》提《だい》心《しん》真言《しんごん》

おん　ぼうぢしった　ぼだはだやみ（私は悟りの心を発します）

（2）三昧耶戒真言《さんまやかいしんごん》

おん　さんまや　さとばん（仏と私は一体になります）

（3）光明真言《こうみょうしんごん》

おん　あぼきゃ　べいろしゃのう　まかぼだら　まに　はんどま　じんばら

はらばりたや　うん（不空成就如来よ　大日如来よ　阿しゅく如来よ　宝生如来よ　阿

弥陀如来よ　光明を放ちたまえ）

最後の光明真言は長いですが、構造は単純で、五智如来という五尊の如来を称え、光明を与えてくださるようお願いしています。

【五智如来】

あぼきゃ：不空成就如来《ふくうじょうじゅにょらい》

べいろしゃのう：大日如来《だいにちにょらい》＝盧舎那仏《るしゃなぶつ》

まかぼだら：阿閦如来《あしゅくにょらい》

まに：宝生如来《ほうしょうにょらい》
はんどま：阿弥陀如来《あみだにょらい》

ここまで解説してなんですが、光明真言をこのように分解して意味を明確にすると、（私の主観ですが）エネルギーが落ちます。**わからないで、ただ無心に読んだり唱えたりする方がいいようです。神仏の世界は細かく理解しようとすると、光が落ちるようです。「部分を見るのでなく、全体を見よ」**ということでしょう。

Q　お礼参りした方がいいですよね？　もし忘れたら、どうなりますか？

お礼参りはマナーとしてした方がいいです。ただ、お礼の気持ちが無い人を、「やらないとダメだよ！」と無理矢理お礼をさせても意味がありません。

ある銀行員の方に聞いた話ですが「お客様で、投資をしてもうかってお礼の連絡をくれる人はいません。お客様が連絡してくる時は損が出たときのクレームばかりです」。つまり「うまくいったら自分のおかげ、失敗したら他人のせい」が投資をする多くの人の習慣になっているわけです。

なので、お礼を忘れるのは割と普通のこと。ただ、そんな恩知らずな人が不快で許せない人は「絶対にお礼参りをしなさい」と厳しく指摘されるでしょう。

個人的には、ありがたいことがあれば、感謝のお礼参りをされるのがよいと思います。そうしたら、さらにありがたいことが起こります。

「好子《こうし》と嫌子《けんし》」という心理学用語があります。

飴《あめ》と鞭《むち》というやつで、好子が飴、嫌子が鞭です。

ある人に飴にあたる好子を与えると、与えた直前に行った行動が増えます。

逆に、鞭にあたる嫌子を加えると、加えた直前に行った行動が減ります。

つまり感謝したら、感謝が好子になって、感謝の対象になった行動が増えます。

お礼参りをしたら、「あ、これでいいのね。じゃこの方向でもっとやります」となるわけです。

一方で感謝しないと、何も増えません。「あ、これじゃないのね。じゃこの方向は取りやめます」となります。

だから、**感謝とは、何を増やすか決めること。感謝は肥料や水やりにあたります。何をよりスクスクと育てたいのか？　いま育っていて、これからもっと育てたいことに感謝するとよいです。**

注意点は、あくまで素直な気持ちで感謝すること。「絶対にお礼参りをしなさい」と厳しく言われたので必死で感謝すると、「厳しく言われたことに従う」が増えます。「あ、こういうのが好きなのね。じゃこの方向でもっとやります」となるわけです。

Q 神社参拝の基本作法「二礼二拍手一礼」は本当に正しいのでしょうか？　違うやり方が本当は正しいという人もいます。

また同じことを申し上げますが、神仏への参拝を正しい・間違いでジャッジする癖が付くと、「素直・敬意・感謝」からズレます。「間違っている人への否定」「正しい自分への優越感」などに意識が向くからでしたね。

神道には教祖も教義（教え）もありません。したがって、唯一無二の正しい参拝法などないのです。ただ、「決まりはありません」では多くの人が迷いますから、明治以降「二礼二拍手一礼」に統一されています。統一と言いつつ、神社によっては四拍手の神社もあれば、三礼三拍手一礼の神社もあります。

郷に入っては郷に従え。それぞれの神社のやり方・お考えに柔軟に対応されればよろしいかと思います。

ただ、ひとつ注意点があるとすると、**「うちのやり方が絶対で、他の大半の人たちのやり方は間違っていて、他のやり方では神につながれない」とか何とか言い出すところがあれば、そこはいわゆるカルト宗教です。「あ、こういう所もあるんだな」と学びにして、すみやかにかかわりを絶たれるとよろしいかと思います。**

大半の他者を否定する教えに染まってしまったら、他者肯定感がなくなり、良きご縁のお引き合わせから遠ざかってしまいます。もっとも否定している人同士での結束は強くなるでしょうから、この人たちと「だけ」仲良くすると決めてしまったのなら、何も言うことはありません。

Q おさいせんの金額はいくらがいいですか？

私はかねて**「500円」**をおすすめしてきました。別に何の根拠もありません。私に降りてきた唯一の「神の啓示」だからおすすめしているだけです。おさいせんを出すときになぜか声が聞こえるんですよね。10円や100円を出そうとしたら「500円」って頭の中に響くのです。

それはともかく**最近は、金額よりおさいせんの出し方が大事だなと思っています。心を込めて丁寧におさいせん箱に入れます。**

出し方が大事だと思うようになったきっかけは、御祈祷をするようになってから。神社によって「御祈祷」といったり「御祈願」といったり、「正式参拝」や「昇殿参拝」ともいいます。いずれも神職さんや巫女さんのご奉仕・ご指導のもと、神様に願い事をお伝えします。

御祈祷の際に、玉串《たまぐし》と呼ばれる、ひだひだのある紙がぶらさがった葉っぱ付きの枝を神様に捧げます。玉串奉納という儀式です。

この玉串に心を込めて、神様に自分の願いをお伝えするのですが、そこで気づきがありました。玉串とさいせん、同じだよなと。これからは、玉串を奉納するような気持ちで、おさいせんを奉納しようと。

ということで、心を込めておさいせんを納めています。心を込めるというと抽象的ですから、私は**おさいせんを両手に包んでからおさいせん箱にそっと入れています。**もしお札をおさいせんにする場合は、封筒に包んで納めるといいですね。封筒を用意する「ひと手間」はかかりますが、そのひと手間で心がこもります。

Q

参拝で祈ったことを他人に話すと願いが叶わないって本当ですか？

そんな話、初めて聞きました。誰に話すかによるんじゃないでしょうか。

何か夢や目標があったとして、その夢を他人に話したら願いが叶うと言う人もいます。でもこの質問はその逆で、夢や目標を他人に話したら叶わないという主張です。

もしその願いを後押ししてくれる人がいるなら、ぜひ話した方がいいです。逆にその願いを邪魔してくる人がいるなら、そんな人には話さない方がいい。

祈ったことを、どの他人に伝えて、どの他人には伝えないか、分けて考えてみましょう。基本的に、**他者肯定感の高そうな人には願いを話すとよいと思います。他者肯定感が低くて自己評価だけ高そうな人には、何もお伝えしない方がいいでしょう。**

ただ、参拝したらすぐに願いに向かう何かが起こりますので、その何かの流れに乗ることを第一に意識するとよく、他のことは気にすることありません。

Q

お守りの効力は1年と聞きましたが本当ですか？

よく聞く話ですが、もし事実を知りたければ、お守りの販売元に確認されるとよいかと思います。お守り関連でいえば、お守りを複数ないしたくさん持っていていいかと気になる方もいるようですが、同様に販売元に確認されるとよいでしょう。商品への質問は、販売元や製造元に確認するのが第一です。ただ、販売元・製造元としても、明確に答えようのない質問に思います。

その上で一般論を申し上げるなら、**大半のお守りには何も注意書きはないので、特に気にする必要はないかと思います。**お守りの効力1年は、よく聞く話ですから、とりあえずの一般的な回答なのでしょう。私は「1年に1回はうちの神社に来てね」というお誘い程度に受けとめています。

明確にわかりようがないことに、私は何も結論を出しません。答えの出しようがないことや不確実なことに対し、そのまま答えのないままにしておく能力を「ネガティブ・ケイパビリティ」と言います。精神科医など精神の安全を専門にする方たちの間では非常に大事な考え方だと知られています。

わからない状態が不安だからと、答えのないことに答えを出してしまうと、短期的には心が落ち着きます。しかし、当然ながらその答えは「間違った認識」なので、現実と自分の認識との間にズレが生じます。答えようのないことに答えを出すクセを付けてしまうと、長い目で見ると、間違った認識が増えに増えて、現実と自分の認識との間のズレが大きくなります。そうなってしまったら、精神的な不安定も大きくなり、自分も周りも苦しめることになります。

もちろんネガティブ・ケイパビリティの大切さはお守りの話に限りません。精神的なことは、何ともあいまいで確実なことは言えない世界です。なのに、とりあえずの適当な結論に飛びつくことは、長い目で見ると、心の健康を損ないます。あえて正解を出すとしたら、あいまいなことは、あいまいな状態が正解なのです。

Q おみくじで「凶」が出たら木に結ぶのはどうしてですか？

社寺でおみくじを引いて、「大吉」など結果が良かったら持ち帰り、「凶」のように結果が悪かったら境内の木に結んでいく人が多いですね。別にそんなルールがあるわけではなく、いつの間にか人々の習慣になっています。

吉凶占いを多少かじった私から見ると、木に結ぶとか結ばないよりも、大事なことがあると申し上げます。

「その吉や凶は一体何に対する判断なのですか？」ということです。

社寺で吉凶占いをするときは、まずおみじくを引く前に参拝して神仏に祈願します。そのときに占いたいことをお伝えします。

例えば、「いま会社勤めですが、来年に起業するつもりです。おみくじで神様のご判断をお示しください」と自分の意志をお伝えします。起業を迷っていてもよいのですが、決めている風にお伝えください。目的は、起業について吉凶を占うことです。

さあ、おみくじを引きましょう。「大吉が出ました！」→「その起業、やるべし！」ということです。おみくじの具体的な中身を読みましょう。そこに細かな注意が書かれています。逆に、悪い結果が出たのなら、「その起業、ちょっと待った！」ということ。シンプルにやらない方がいいなのか、今は準備不足だからもう少し待てなのか、同じ「ちょっと待った」でもニュアンスに違いがあるでしょう。やはりおみくじの具体的な内容で詳細をご確認ください。

占いたい内容を具体的に決めないと、おみくじを引いた結果が何の吉凶なのか意味不明なのです。だから事前に神仏に参拝して、何を占いたいのかお伝えするのです。そしてただ吉凶の結果だけでなく、詳細な文章も要確認です。

詳細を読まないと、はっきりした占い結果がわかりません。

もちろん恋愛にも結婚・離婚にも吉凶占い、使えますよね。

あの人に告白します↓大吉↓詳細確認
彼氏（彼女）と結婚します↓吉↓詳細確認
夫（妻）と離婚します↓凶↓詳細確認

神仏に占いたい内容をお伝えするとき、「離婚してもいいですか？」とか「離婚しようかどうか迷っています」ではなく、「離婚するつもりです。今からおみくじを引くので神様のご判断をお示しください」とお伝えします。あるいは、「夫（妻）と離婚しません。婚姻関係を今年は続けます。今からおみくじを引くので神様のご判断をお示しください」とお伝えするのもいいです。

「離婚する」と神仏に伝えておみくじを引き、そのあともう一度参拝して今度は「離婚しない」と神仏に伝えて再度おみくじを引く、なんてやり方もあります。え？　そんなことして、「どっちも吉だったらどうしたらいい？」ですか。どっちでも良い感じになるってことじゃないでしょうか。

ちなみに明智光秀さんは本能寺の変の直前に京都の愛宕神社でおみくじを引いたら凶が3回出たとか。吉が出るまでおみくじを引き続けたのでしょう。反則です。最初の1回の結果が絶対です。そんなに迷ったのなら、「ここまで来たけど、やっぱり反乱はやめて引き返します」についても、おみくじを引けばよかったのです。

Q
絵馬を奉納すると、参拝するだけより効果があるのでしょうか？

絵馬は馬を奉納する代わりにできたものです。馬をもらっても、お世話の手間はかかるし、馬を飼う場所も必要ですから大変です。そこで、絵馬で代替するようになりました。

現代の絵馬は、馬の奉納と異なり、自分の願い事を書くことができます。「書けば叶う」という考え方があって、自分の決意を文字にすることで、より「やるぞ！」という意欲が高まり、以前よりさらに粘り強く努力するようになるため、結果として、願いが叶う確率が高まります。

絵馬に書いたことは「神様との約束」だと思って、約束を守れるよう、精進なさってください。

あなたが神様と約束する内容と思えば、絵馬に書く内容も少し変わるでしょう。仮に「商売繁盛」と書いたら、商売繁盛のために私は力を尽くすという意味ですし、「良縁祈願」と書いたら、人と良いご縁を結ぶべく私は力を尽くすという意味です。

あなたがした誓いなので、約束を守る・守らないは自由です。力を尽くしたけど約束を守れなかったということもあるでしょうし、事情が変わって約束を守る気がなくなることもあるでしょう。全く構いません。また参拝する機会をつくって、神様に隠さず素直にご報告されてください。

Q 参拝時の服装で気をつけないといけないことはありますか？

特に決まりはありませんが、**伊勢神宮内宮・外宮で御垣内《みかきうち》参拝と呼ばれる特別な参拝をするときは服装にお気をつけください。**決まりをそのまま申し上げると、「参拝者の服装は礼服が望ましいが、敬意を失しない程度の平常服は許可する。但し、この場合、男子は背広、ネクタイを着用し、女子はこれに準じた服装を整えること」です。

この基準を守っても特別参拝を断られるときがあります。なので、より細かく申し上げると、男性は濃紺や黒のスーツにネクタイに革靴です。スーツの色は、目立つ色や明るい色はダメです。シャツは白色です。目立たないならカラーシャツもありのようですが、白シャツが無難でしょう。ネクタイも白など目立たない色が基本で、派手な色はダメです。なお、神社参拝は祝事ですので、喪服の黒ネクタイは避けてください。黒ネクタイの人を参拝客で見たことはあるので、おそらく参拝を断られはしません。ただ祝事のネクタイは白や灰色など清楚な明るい色です。また、靴は革靴です。黒のスニーカーはご遠慮くださいとなりかねません。

女性の場合、スーツかフォーマルウェアです。ミニスカートはNGです。露出の多い格好はダメです。また男性と同じく、目立つ色や派手な色はダメで、濃紺や黒になります。パンツスーツは問題ありませんし、ダメと言ったら、現代はダメといった神社側の方が批判されるでしょう。靴はローヒールが良いです。ハイヒールでも断られませんが、御垣内は歩きにくいのでローヒールが望ましいです。

たいていの神社仏閣は、服装は自由です。ただ休日のビーチのような格好は望ましくないとされます（追い返されはしませんが）。サングラス、ショートパンツ、タンクトップ、オフショルダー、素足にサンダルなど、ラフすぎる格好です。寝巻きのジャージとかもきっと望ましくないでしょう。帽子をかぶっていてもよいですが、鳥居をくぐる時や社殿に入るときは、脱いでお辞儀します。

Q 行きたい神社・お寺が遠いときはどうすればいいですか？

富士山に現地参拝できないとき、江戸の富士山信仰の人は、富士塚といって、富士山の岩を持ち帰ってミニチュア富士山をつくり、江戸から遠隔参拝できる場所をつくりました。昔は気軽に遠隔地へ移動できませんし、女人禁制の場所もあります。

そんな現地へ行けない・行きにくい人のために遠くから参拝する工夫があります。神社だと、境内に遥拝所《ようはいじょ》があります。これも、ある神社を遠くから参拝する場所です。


このように昔から「ヴァーチャル参拝法」があって、遠くから参拝することは可能です。とはいえ、そんな都合のいい遠隔参拝の場所がないことが多いでしょう。そういうときは、ネット社会の現代ですから、社寺のホームページやユーチューブ動画を探して、仮にご参拝されるのはいかがでしょうか。現地に行かないと森林は体感できませんので、効果は落ちます。森林によるストレス軽減は体験できないでしょう。それでもやらないよりは、やった方がマシに思います。

最近、福岡市の鳥海八幡宮ではメタバースと呼ばれる仮想空間に神社をつくりました。テクノロジーの変化で、社寺参拝もまた形が変わりそうですね。

神仏と心理学コラム

長くうまくいく人は、神仏を大事にする

「幸せに長く生きる」は寿命がのびた人類全体のキーワードですが、日本は長寿企業が世界で最も多い国です。

日経ＢＰコンサルティングの「世界の長寿企業ランキング」（２０２２年版）によると、**創業年数が１００年以上の企業の数で、日本は世界１位でした。創業１００年以上の企業の総数は、世界全体で８万66社。そのうちの41％強にあたる３万３０７６社が日本企業で、２位のアメリカを大きく上回っています。**

さらに創業２００年以上になると、１位は同じく日本の１３４０社ですが、比率は２０６１社中65％まで上昇するのだから、おどろきです。

なぜ日本の企業は長続きするのか？

実は神社仏閣の存在が大きいのです。

というのも千年以上続く企業は、神社仏閣関係の仕事が多いのです。

578年創業、世界最古の企業「金剛組」は大阪の建設会社で、聖徳太子が四天王寺を建てるために百済から招いた宮大工・金剛重光によって創業されました。以後、四天王寺を始めとする寺社建築を中心に手がけています。

京都の今宮神社の旧参道にある「一文字屋和輔」は、1000年に創業した日本最古の和菓子屋さん。「あぶり餅」のみを提供し、今宮神社の疫病退散祈願のときに参拝者に振る舞われたのが始まりです。他にも885年頃創業の「田中伊雅仏具店」は京都府最古の製造業で、真言宗や天台宗など密教の仏具などを製造しています。

千年企業の大半において、本当のお客様は人間ではなく、神仏です。

一体なぜなのか？

神仏は「他者肯定感」を育むからではないでしょうか。

「他者肯定感」がカップルの関係を幸せに長続きさせる要因であると、本書でお伝えしました。

昨今、自己肯定感という言葉が流行しました。若い人には必要な考え方に思いいます。というのも、就職活動で成功する人は、自信がある人だからです。自信だけあれば十分なくらいです。若者一般は、上の世代に比べて自信がなく自己主張も弱く、だからこそ自信を示すことで「他の若者よりも見どころがある」とアピールできます。

しかし働き出すと、自信はアピール材料ではなくなります。実績が第一になりますし、性格でいえば粘り強さや人柄の良さが、他者に愛され評価されるポイントです。年を取るほど自信は付きます。ただ自信だけあっても信用をなくします。

だからこそ、日本の神仏に触れて他者への信頼や他者肯定感を育むことが、長く幸せに健康に生きる上で大事だし、世界に誇れる精神文化です。

最高の自分になる

本書を最後までお読みくださり、ありがとうございます。

縁結びや恋愛・結婚は、「運命というものがあるのだな」としみじみ思うような、人生の中で奇跡が起こりやすいテーマです。

私個人のことでいえば、ずっと独身主義者でしたが、40歳近くになって、下の話で恐縮ですが、性的に強く興奮すると心臓が痛くなるようになり、病院で検査しても心臓に異常は見当たらず、「心因性」という名の原因不明です。

「これは男女のことからは引退して、ひとり心穏やかに静かに暮らせということだな」と悟った（あきらめた）途端、そんな事情を知らない女性から、「性的営みはしない。でも結婚したい」とご提案いただきまして、「奇妙なことだ。でも、これは運命というやつかなあ」と独身主義を放棄して結婚しました。出雲大社への参拝がきっかけです。

針の穴より小さい穴に糸を通すような、奇跡的なご縁だったように思います。

3年弱で離婚しましたが、この間に発見したのが、女性性（女らしさ）と男性性（男らしさ）の違いです。性的興奮を一定以下におさえつつ女性と一緒にいると、女性の同性愛者の性的営みが想像できるようになりました。で、離婚後、女性同性愛者の方に色々と確認し、男性の性的営みと、女性同士の性的営みの違いを実感しました。

両者の違いを言葉にすると、

男性性：強い、速い、激しい、鋭い

女性性：弱い、ゆっくり、柔らかい、包み込む

男性性の性的営みが強い炎と油で短時間に炒める料理なら、女性性のそれは出汁を取って弱火で長時間煮込む料理くらいの真逆な違いがあります。個人的な感想ですが、女性的やり方は、好きな人相手にしかできません。包み込むように、弱く柔らかく、ゆっくり触れる動作は、愛情が必須です。一方、男性的やり方は、自分が好き勝手にするほど気持ちよいため、愛情不要で、好きじゃない相手ともできます。

本文の第2章のコラムと第3章にある「モテる裏技：男性は女らしく、女性は男らしく」はこうした女性性・男性性の違いを実感した経験からきています。こんなプライベートな発見は個人の秘密にするつもりでした。しかし深層心理学でも、女らしさと男らしさの両方を備えると、願望実現や人格成長が進むと説くのを知り、「なら、共有しよう」と思い切りました。内なる両性の統合こそ、「最高の自分」になる道です。

神仏は心の中にある「私の女性性」をあらわす女神であり、「私の男性性」をあらわす男神です。縁結び参拝で、心の中の女性性が祓われ癒されれば、女性といい関係が築けますし、心の中の男性性が祓われ癒されれば、男性といい関係が築けるでしょう。

皆様が素敵なご縁に恵まれますように、心よりお祈り申し上げます。いま「お前もな！」という声が聞こえました。励ましのお言葉ありがとうございます。

八木龍平

1975年京都市生まれ。博士Ph.D.（知識科学）。神社、人材育成、聞く技術を探究する社会心理学者。同志社大学経済学部卒業後、NTTコムウェアにシステムエンジニアとして勤務した後、退社して北陸先端科学技術大学院大学に進学し、修士号と博士号を取得。その後、富士通研究所シニアリサーチャー、北陸先端科学技術大学院大学・客員准教授、青山学院大学・非常勤講師（担当科目：ネット社会とコミュニティ）、武蔵野学院大学・兼任講師（担当科目：情報リテラシー）などを歴任。現在は、全国の企業・団体での講演、神社案内、オンラインサロン「そらみつ神社倶楽部」の運営に従事し、好評を博す。28万部を超えるベストセラーとなった『成功している人は、なぜ神社に行くのか？』（サンマーク出版）をはじめ、『最強の神様100』（ダイヤモンド社）、『成功している人は、なぜ聞き方がうまいのか？』（日本文芸社）など著書多数。著書 累計48万部超。

YouTubeチャンネル リュウ博士の見えない世界の歩き方
https://www.youtube.com/@user-zs2ou3wb7v
インスタグラム @ryuheiyagi
公式LINE @808audud

ブックデザイン　小口翔平＋須貝美咲（tobufune）
イラスト　ヤマサキミノリ
図表作成　デザインオフィス・ナック

愛《あい》される人《ひと》はなぜ神社《じんじゃ》に行《い》くのか？

2024年1月23日　第1刷発行

著者　八木《やぎ》龍平《りゅうへい》
発行者　清田則子
発行所　株式会社講談社
〒112-8001　東京都文京区音羽2-12-21
販売　TEL 03-5395-3606
業務　TEL 03-5395-3615
編集　株式会社講談社エディトリアル
代表　堺 公江
〒112-0013
東京都文京区音羽1-17-18　護国寺SIAビル6F
編集部　TEL 03-5319-2171
印刷所　株式会社KPSプロダクツ
製本所　株式会社国宝社

KODANSHA

ISBN978-4-06-534209-1